MADAME BELLAUD DESSALLES

La Forêt d'Anglès

et

le Château d'Espine

NOTES ET DOCUMENTS

BERGERAC

IMPRIMERIE GÉNÉRALE DU SUD-OUEST (J. CASTANET)

Place des Deux-Conils

—

1926

La Forêt d'Anglès

et

le Château d'Espine

MADAME BELLAUD DESSALLES

La Forêt d'Anglès

et

le Château d'Espine

NOTES ET DOCUMENTS

BERGERAC

IMPRIMERIE GÉNÉRALE DU SUD-OUEST (J. CASTANET)

Place des Deux-Conils

1926

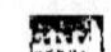

BIBLIOGRAPHIE

SOURCES MANUSCRITES

Registres paroissiaux de la Cathédrale de Saint-Pons
de Thomières.

Minutes d'Amblard, notaire à Saint-Pons, 1622-1633.

Compoix du *Soulié*. Année 1686.

Monographie manuscrite de la *Commune du Soulié*,
par M. Gabriel Gros. Archives du Soulié.

Registres paroissiaux d'Anglès.

Compoix d'Anglès. Année 1650.

Minutes de MM. Fabre, Ichez, Samaric et Guiraud,
notaires à Anglès.

*Etat des prêtres insermentés ou ayant rétracté leur
serment. Fait et arrêté d'après les états fournis par
les administrations municipales des cantons.* Montpellier. 31 ventose. An IV. Archives de l'Hérault.

Listes des détenus. An II et suiv. Q. II/B. 2 à 3025.
Archives de l'Hérault.

Procès verbaux des visites domiciliaires faites à Saint-Pons en ventôse et germinal an II. Archives de l'Hérault.

Réformation générale des Eaux et Forêts ; Maîtrise de Saint- Pons. Sac. F. 34. *Procès-verbaux de visitation, arpentage et bornage de la forêt d'Espine.* Octobre 1667. — Archives du Parlement de Toulouse. Palais de Justice. Annexe des Archives de la Haute-Garonne.

Notes généalogiques sur les Boulade d'Espine, communiquées par M. l'Abbé Gautrand, curé-doyen de Labastide-Rouairoux.

Notes généalogiques sur les Boulade d'Espine et les Seguin des Ilons, communiquées par M. l'Abbé Montagné, curé-doyen d'Anglès.

Notes sur l'organisation religieuse sur le Sommail, pendant la révolution, communiquées par la famille Benoît de Soulage.

Notes extraites des *Mémoires manuscrits* de M. Louis de Bonne, communiquées par M. Gabriel Gros.

Documents extraits des Archives du Château de Bonnery.

LA FORÊT D'ANGLÈS
ET LE CHATEAU D'ESPINE

CHAPITRE I

VANT le xe siècle, époque à laquelle nous trouvons son nom dans les chartes, le bois d'Espine faisait partie de la forêt d'Anglès dont il devait partager toutes les vicissitudes.

Cette immense étendue boisée, qui s'étendait sur les communes actuelles d'Anglès, de la Montélarié, du Margnès, du Soulié, de la Salvetat et de la partie de Labastide-Rouairoux située sur la rive droite du Thoré, avait appartenu avant la conquête romaine, au Pays des Volsques Tectosages, aux confins de celui des Rutènes et des Albigeois.

Lors de la domination de Rome et de l'organisation administrative des vainqueurs, elle fut incorporée, (probablement sans changement de limites) dans le territoire de la Métropole de Narbonne, organisation qui fut adoptée plus tard par les chrétiens et survécut à l'invasion des Barbares. C'est ainsi que le Comté de Narbonne, eut sous le régime carlovingien, les mêmes frontières que la Métropole romaine et que son diocèse archiépiscopal (1).

En 778, Charlemagne, au retour de sa funeste expédition en Espagne, réorganise les diocèses du Midi et place des comtes ou gouverneurs dans toutes les villes importantes. Ceux-ci, bénéficient de la faiblesse de ses successeurs, pour continuer à leur profit le système de gouvernement dit féodal, ordre, que consacre en 877 Charles le Chauve, en statuant dans les célèbres Capitulaires de Kiersy sur Oise, que les titres d'offices seront désormais transmissibles par héritage.

Au dessous des comtes on trouve les vicomtes, lieutenants de ces derniers, et qui s'élèvent peu à peu à la dignité de commandants indépendants, et d'amovibles, se font héréditaires.

A cette époque (852), le comté de Narbonne est subdivisé en deux vicomtés : Narbonne et

---

1. Quelques historiens contemporains précisent quelles étaient en 672 et 673 les limites des diocèses suffragants de la Métropole de Narbonne. Malheureusement les noms des localités citées sont inconnus et de forme tout à fait barbare ; il est impossible de les identifier. D. Bouquet. T. II. p. 719.

Minerve. Ce dernier comprend la partie septentrionale du comté qui serait représentée aujourd'hui : dans l'Hérault par l'arrondissement de Saint-Pons, moins Vieussan, Colombières et Roquebrun ; dans l'Aude par les cantons de Peyriac-Minervois, Lézignan et Ginestas ; dans le Tarn par le canton d'Anglès et la commune de la Montélarié. Dès lors, il est aisé de suivre chronologiquement les possesseurs successifs du *Fontainebleau de nos Vicomtes*.

Vers le milieu du xi⁰ siècle, a lieu un démembrement du vicomté de Minerve. La famille vicomtale de ce nom, forme plusieurs branches dont l'aînée conserve le château de Minerve avec les localités qui composent le canton actuel d'Olonzac, les communes de Pardalhan, Boisset, Rieussec et Vélieux, tandis que la cadette entre en possession du château d'Olargues, Saint-Vincent, Saint-Julien et Cambon. Le château de Cessenon, Pierrerue, Cazedarnes, Prades, Berlou, Ferrières, Prémian, Saint-Etienne et Fraisse devenaient apanages des vicomtes de Béziers, et le château d'Anglès, dont l'emplacement est encore identifié de nos jours, sous le nom de « Le Batut », passe avec sa forêt au vicomte d'Albi et Carcassonne.

En 1066, le Vicomte de Béziers, Roger I, meurt et avec lui s'éteint la descendance masculine des Comtes de Carcassonne. Il constitue pour héritière sa sœur Ermengarde ; celle-ci, épouse vers 1058 Raymond Bernard Trencavel, successeur de Roger I, rapportant ainsi à la

Vicomté ses immenses domaines. A ce mariage remonte l'avènement des Trencavel à la Vicomté de Béziers.

Leur fils, Bernard Aton, hérite, vers 1074, de tous leurs apanages. Il épouse Cécile de Provence et en a trois enfants. Au moment de son départ pour combattre les Maures d'Espagne, il lègue, par un premier testament, à la Vicomtesse Cécile le château de Cessenon avec toutes ses dépendances, et *toute sa forêt entre l'Agout et le Thoré*, c'est-à-dire toutes ses possessions dans l'arrondissement de Saint-Pons, en particulier la châtellenie d'Anglès, dans laquelle se trouvent ses forêts de chasse. Par un second testament de l'année 1129, modifiant ses dispositions, il lègue à Roger son fils aîné tout ce qu'il possède dans le Narbonnais comme vicomte d'Albi et de Carcassonne ; la châtellenie d'Anglès était donc comprise dans cette donation.

Ce Vicomte Roger étant mort sans enfants, son frère Raymond Trencavel lui succède dans tous ses apanages. C'est la victime bien connue de la tragédie sanglante qui se déroula dans l'église de la Madeleine, le 15 octobre 1167, et dans laquelle il périt, assassiné lâchement, par les bourgeois de Béziers, à l'instigation, dit-on, du Comte de Toulouse.

Son fils Roger II, le petit Roger de Béziers (*Roiharet de Beẓers*), comme disent nos chartes, lui succède au titre d'héritier universel. Il épouse vers 1171 la fille du Comte de Toulouse.

nièce du Roi de France ; il s'agit de cette charmante Adélaïde de Burlats, protectrice des troubadours, dont la mémoire est encore vivante dans la jolie petite ville qui lui donna son nom, et que l'on rencontre lorsque, quittant près de Brassac les merveilles granitiques du Sidobre, l'on s'engage dans la riche plaine du Castrais.

C'est sous le gouvernement de ce Vicomte, que l'hérésie albigeoise, qui depuis un siècle a pénétré dans nos provinces, y envahit toutes les classes de la société et prépare les catastrophes dans lesquelles succombera l'indépendance méridionale. L'étendue de ses riches domaines et l'illustration de ses alliances en avaient fait un des plus grands seigneurs de la Chrétienté. Il meurt le 20 mars 1194, laissant à son fils Raymond Roger, âgé de neuf ans, son splendide héritage, dont faisaient naturellement partie les quatre Vicomtés de Béziers, Carcassonne, Razès et Albi. Au nom de ce seigneur, dont Guillaume de Tudèle, lui-même a écrit qu' « Il n'y avait ni meilleur chevalier, ni plus preux », est attaché le souvenir de la Croisade pour la répression de l'hérésie. Réfugié à Carcassonne au moment de la célèbre échauffourée de Béziers, il y est pris, pendant le siège commencé le 3 août 1209, et meurt quelques jours plus tard dans les cachots de la Cité.

Après la conquête, Simon de Montfort est investi, par les Légats, du Comté de Toulouse et des Vicomtés de Béziers, Narbonne et Razès.

Dix sept ans plus tard (1226), son fils et successeur Amaury, incapable de consolider l'œuvre de son père et de conserver son héritage,
abandonne tous ses biens et ses droits au roi de
France Louis VIII (1).

Avec eux la forêt d'Anglès entrait dans le
Domaine royal.

Presque au centre de ces fiefs qui venaient
de passer à la Couronne, l'Abbaye bénédictine
de Saint-Pons, formait une petite république
ecclésiastique avec Saint-Pons de Thomières,
Riols, Courniou, Les Verreries, et Bizon ou
Labastide-Rouairoux, gouvernée par ses Abbés,
car disait la charte de fondation, « *Ni le Roi,
ni aucun prince, ni aucun évêque, ne pourra
exercer aucune domination tant sur elle que
sur ses dépendances, l'alleu relevant de Dieu
seul* » (2).

Or, notre forêt est associée aux origines du
célèbre monastère.

Vers 936, un des plus puissants feudataires,
Raymond Pons, Comte de Toulouse, qui avait
déjà fait élever en Auvergne les Abbayes de

---

1. Louis Noguier. *Les Vicomtes de Béziers*. Béziers.
Imp. gén. 1894.

2. *Gallia Christiana*. Eccl. S. Pontii Tomeriarum.
T. VI. MDCCXXXIX.

Chanteuge et de Saint Allyre, près de Clermont, avait conçu la pensée de faire construire sur ses domaines, un monastère destiné à recevoir les reliques de saint Pons son patron, qu'il avait récemment fait apporter de Nice.

A cette fin, il appela l'Abbé de Saint Géraud d'Aurillac, Arnolf, qui accompagné de quelques moines, vint se fixer dans la bourgade de Thomières, au croisement des routes du Narbonnais et de la Montagne, du Biterrois et de l'Albigeois, près de la grotte mystérieuse et tragique d'où jaillit si majestueusement la source du Jaur, et dit-on, consacrée bien avant l'occupation romaine, aux divinités des Eaux (1).

Oger, un des compagnons d'Arnolf, élu premier Abbé, en reçut la dotation en novembre 936, du comte Pons et de sa femme Gersinde. Peu après, le roi Louis IV, enrichit la jeune Abbaye de diverses libéralités, enfin au mois d'août 940, en présence du Fondateur, l'Abbé recevait de l'Archevêque de Narbonne, plusieurs donations importantes, entr'autres celles de Saint-Martin de Cousses près la croix du Bessou, dans la forêt d'Anglès, et Saint-Martin d'Uscladelle, jadis annexe d'Anglès, aujourd'hui ruiné et remplacé par l'église de la Souque (2).

---

1. Joseph Sahuc. *Saint Pons de Thomières. Ses vieux édifices, ses anciennes institutions.* Bergerac 1895.

2. A la date du 2 décembre 1759, l'église de Saint-Martin d'Uscladelle subsistait encore mais menaçait ruine,

Doté à l'envi par les seigneurs et par les évêques, le nouveau monastère grandit rapidement
en richesses et possessions territoriales.

Au début du douzième siècle, l'Abbé qui
jouissait de certains droits de paturage et d'affouage dans la forêt d'Anglès et sur le Plateau
du Sommail, construisit sans l'assentiment du
Vicomte de Béziers, une *Salvetat* (lieu de
refuge), sur le roc Cabal ou Caval, origine de la
ville de la Salvetat-sur-Agout, et, sur la rive
droite du Thoré, au-dessus de l'église de Saint-
Garcin de Bizon, une *Bastide,* qui devait être
le berceau de Labastide-Rouairoux.

Or, le vicomte de Béziers, Roger II, feuda-
taire de ces territoires, s'était, peu avant ces
événements, mis sous la protection du Roi
d'Aragon, dans le but de venger le meurtre de
son père, commis, comme nous l'avons vu,
dans l'église de la Madeleine en 1167. Mais son
suzerain, le Comte de Toulouse, Raymond V,
irrité de cette alliance, avait déclaré dépouiller
le Vicomte de Béziers de la presque totalité de
ses domaines en faveur du Comte de Foix.

Lors de cette mesure de la plus haute gravité

---

une réparation fut exécutée avec les fonds d'une quête
organisée par deux paroissiens, Cabrol et Viala. Ce fait
entraîna devant le Sénéchal de Carcassonne, entre le
curé et les promoteurs de la quête, un procès dont on
trouve tous les détails dans les Minutes de Maître Louis
César Guiraud, notaire à Anglès.
Registre de 1758, p. 140.

et qui ne reçut jamais exécution réelle, l'Abbé de Saint-Pons, Raymond de Dourgnes, avait pris le parti de Raymond V. En représailles, Roger II, prétextant la construction de la Salvetat, élevée sans son autorisation, se rendit à Saint-Pons avec ses gens d'armes, occupa la ville, s'empara de l'Abbaye et la livra au pillage.

Un accord s'ensuivit : le 4 janvier de l'année 1171, les évêques de Béziers et d'Albi, les archevêques de Narbonne et de Carcassonne et huit seigneurs laïques rendirent une sentence arbitrale, par laquelle Roger II consentait à la reconstruction du monastère et lui rendait la jouissance sans conteste de la Salvetat, à condition « d'une albergue annuelle de cinquante chevaliers ». L'Abbé versait au Vicomte deux mille sols melgoriens et lui cédait tout les autres fiefs qu'il possédait dans le domaine de l'Abbaye. Par ce traité Saint-Martin de Cousses à la croix du Bessou et Saint-Martin d'Uscla-delle rentraient dans l'apanage du Vicomte de Béziers (1).

---

1. Il n'est pas question de la *Bastide* dans l'accord de 1171 entre l'Abbé et le Vicomte ; mais elle existait dans cette seconde moitié du siècle puisque, lorsque le Comte de Toulouse se soumit au Roi, après 1226, il s'engagea à restituer la Bastide-Rouairoux au monastère. *(Dimitti-mur etiam domino abati Rourozam et Montemolerium).*

Après la Croisade, une nouvelle réclamation de l'Abbé de Saint-Pons, confirma les droits du Roi sur les bois d'Anglès et d'Espine.

L'on sait, comment le vainqueur du Midi et après lui Louis VIII se saisirent en vertu du droit de conquête des biens de ceux qu'ils avaient expulsés comme fauteurs d'hérésie ; de plus, certains officiers de l'administration royale qui succédait au régime féodal, vivant en terre conquise, n'avaient pas craint d'aliéner à leur tour un grand nombre de possessions.

Pour apaiser le pays et réparer dans la mesure possible les abus issus de ces confiscations, Saint Louis, dès son accession au trône, avait rendu une Ordonnance célèbre relative à la restitution des biens saisis aux hérétiques. Elle avait été suivie d'une « *Enquête* » dirigée par les Commissaires royaux chargés de statuer sur toutes ces questions. Les spoliés étaient autorisés à déposer entre leurs mains des « *Plaintes* » auxquelles les Enquêteurs royaux répondaient par des *Sentences* adressées sous forme de Mandements au Sénéchal de Carcassonne (1).

Ces confiscations s'étaient étendues sur les hauteurs du Sommail, et la forêt d'Espine avait été saisie, — l'enquête en fait foi, — par Simon de Montfort. De plus, l'Abbé de Saint Pons se prétendait frustré de ce bois par les

____

1. *Hist. génér. de Languedoc.* Ed. Privat. T. VII, p. 546. Notes.

Baillis des Châtellenies de Cessenon et de
Minerve ainsi que du « devès de Nagaveilh,
Combesalat, La Roussille, Valiers, Bourdillet,
Vergnoles, Malbosc, Mourgadou, Cussières, Sa-
labert et la Bessède ou Métairie du Loup ».

Voici la traduction intégrale du début de la
« Plainte présentée par l'Abbé aux Enquêteurs,
et rédigée dans un latin propre à décourager
toutes les bonnes volontés :

« L'Abbé du Monastère de Saint-Pons de
Thomières a dit que le château de Cessenon
excepté la tour et la quatrième partie qui fut de
Guillaume de Minerve et la moitié du château
de Peyriac et la quatrième partie du château de
Cesseras et tout le bois qui est appelé d'Espine
(nemus quod spina dicitur) lequel est dans la
montagne entre la ville de Saint-Pons et le château d'Anglès et tout ce qu'Isarn de Brassac
tenait dans le château de la Salvetat et ses limites et certaines autres possessions, lesquelles
toutes choses ci-dessus, notre Seigneur le Roi a
confisquées à cause du faydiment ou hérésie de
certaines gens. Toutes ces choses susdites,
dis-je, sont et doivent être de la mouvance du
monastère et doivent être tenues de lui » (1).

----

1. *Enquête de 1259-1262. Sentences des Enquéteurs.*
H. Bibliothèque nationale. — Latin. 5954. A. — Repro-
duites par M. A. Molinier dans la nouvelle édition de
l'*Histoire de Languedoc* comme preuves à l'appui de son
travail : *Etude sur l'Administration de Saint Louis et
d'Alphonse de Poitiers.*

L'Abbé explique en outre, que c'est « Arnaud Catufe bailly royal, qui depuis six ans a spolié l'Abbaye des terres de Mourgadou, de Malbosc et de Cors, que Hugues des Arcis, représentant actuel du Roi, ne cesse de troubler le monastère dans ses droits seigneuriaux et allodiaux et réclame le tiers des droits de dépaissance dans les territoires des paroisses de Saint-Martin du Jaur, à Saint-Pons, et de Saint-Martin d'Uscladelle (La Souque) ».

Les Enquêteurs répondirent que les prétentions de l'Abbé de Saint-Pons sur le bois d'Espine, Anglès, Peyriac, Cesseras, Cessenon ne leur paraissaient pas fondées. Ils ordonnèrent un supplément d'information pour Vergnoles, Négavielh et Bourdillet et remirent le monastère en possession de Mourgadou et de Cors.

Après le supplément d'enquête le Bois d'Espine resta adjugé au Roi « par la raison, dirent les Enquêteurs, qu'il résultait des documents et témoignages produits, que Simon de Montfort en avait été possesseur et avant lui le Vicomte de Béziers ».

C'est probablement pour distinguer le Bois d'Espine fief royal, des territoires limitrophes qui venaient d'être restitués au monastère, qu'il lui fut alors donné le nom de *Bois du Roi*. Il le portait encore au xviiiᵉ siècle. Dans sa *Description géographique de la France*, éditée en 1744, au nom de l'Académie des Sciences, et dont les cartes offraient la représentation du pays sur une échelle d'une ligne pour cent toises, Cassini indiquait le Bois d'Espine *Nemus Spina* au Nord-Ouest de Saint-Pons de Thomières, connu sous le nom de *Bois du Roi* (1).

L'Espine devenu forêt de la Couronne, bénéficia dès lors des privilèges d'affouage, glandage, chasse, concédés de bonne heure par les Rois de France aux forêts domaniales et confirmés par la suite aux habitants d'Anglès ainsi qu'en témoigne l'Ordonnance édictée par Messire Guillaume des Fontaines, Grand Maître des Eaux et Forêts au Pays de Languedoc, le 7 novembre 1341 (2).

Le pays annexé fut subdivisé en Sénéchaussées, Vigueries, Châtellenies et Baillies. Dans cette organisation, la partie du territoire d'Anglès qui compose aujourd'hui la commune du Soulié, ressortit de la Châtellenie d'Anglès administrée par un Bailli qui prit plus tard le titre de Capitaine Chatelain de la Viguerie de Minerve et de la Sénéchaussée de Carcassonne.

---

1. César-François Cassini de Thury. *Carte de la France*. 1744-1793. Des réductions ont été publiées par Alexis Donnet et Hyacinthe Langlois.

2. Ordonnance du 7 novembre 1341 donnée par Messire Guillaume de Fontaines, conseiller-secrétaire du Roi, Commissaire à la Réformation des forêts royales de Languedoc, qui maintient les habitants d'Anglès dans leurs privilèges. — *Lettres* de Philippe VI de Valois qui maintiennent les habitants d'Anglès dans leurs possessions. — Archives du Parlement de Toulouse. Palais de Justice. Annexe des Arch. de la Haute-Garonne. A. 10, p. 2.

Il y avait en outre un *Forestarius* ou Capitaine Forestier, chargé du service des forêts et des chasses princières.

Quant à la Châtellenie d'Anglès, elle reçut, dans la partie qui a formé la commune du Soulié, les limites qui existent encore entre cette commune et celles de Courniou, Saint-Pons, Riols et la Salvetat (1).

---

1. Gabriel Gros. *Monographie de la Commune du Soulié*, transcrite comme préface sur le registre du : *Compoix de la Paroisse du Solier terre d'Anglès*, séparé d'avec le restant du Compoix de la dite Terre d'Anglès en conséquence de l'arrest de la Souveraine Cour des Comptes, Aydes et Finances de Montpellier du 24 juillet 1708, qui ordonne la séparation dudit Compoix. Archives municipales du Soulié.

CHAPITRE II

NE ère de paix s'étendit, à la fin du
XIIIe siècle, sur les futaies du Bois
d'Espine ; mais le XIVe siècle amena
une désastreuse invasion, qui troubla
et ravagea les calmes solitudes de la Montagne.

L'on sait comment Edouard III, roi d'An-
gleterre, revendiquant la couronne de France
comme petit-fils de Philippe-le-Bel, par sa mère
Isabelle, envoya, en 1338, son cartel au roi Philippe de Valois.

Cette guerre, plusieurs fois interrompue par
les trêves et les pestes, aboutit à la désastreuse
bataille de Poitiers. La conséquence de ce grave
évènement, fut un désarroi général dans le
royaume. Aux souffrances, aux divisions, aux
humiliations de la Paix de Brétigny succéda une
guerre sans nom, plus dévastatrice peut-être
que la première : la guerre des Grandes Compagnies. Ces bandes redoutables, se composaient
de tous les gens de guerre que la paix rendait

inutiles et qui refusaient de se laisser licencier. On évalua à plus de vingt mille le nombre de ces routiers pillards, dont la tactique consistait à s'emparer, dans chaque pays, de quelques châteaux forts dont ils faisaient la base de leurs opérations.

Entrés en Languedoc, en 1361, ils étendirent leurs ravages dans le Narbonnais et se portèrent vers les parties montagneuses du diocèse de Saint-Pons (1). Leur passage était si redouté, que lorsqu'ils s'avançaient, ordre était donné aux habitants de se réfugier dans les places fortes, et d'y apporter leurs vivres.

Pour comble d'infortunes, à ce moment, Henri de Transtamare, fils naturel d'Alphonse VII, roi de Castille, pour éviter les persécutions de son frère légitime Pierre-le-Cruel, se réfugiait de ce côté des Pyrénées et pénétrait dans la Sénéchaussée de Carcassonne. Suivi de hordes d'Espagnols, il commît, dit Dom Vaissette, autant de désordres que n'en avaient perpétré les Compagnies. Son passage dans la Châtellenie et la forêt d'Anglès y entassa les ruines (2). Après cette incursion, la misère y était si grande, que lorsqu'à la fête de la Pentecôte de l'année 1361, le Viguier de Minerve se rendit à Anglès pour présider aux élections et recevoir

---

1. E. Carou. *Documents relatifs aux guerres anglaises du XIVe siècle dans le Diocèse de Béziers.* Bulletin de la Soc. arch. de Béziers. Deuxième série. T. VII. 1re liv.

2. *Hist. génér. de Languedoc.* T. IX.

le serment des Syndicts nouvellement élus, la
Communauté se trouva trop pauvre, pour payer
les frais de ce séjour tant en victuailles qu'en
présents forcés pour ce personnage et sa suite.
Informé de tant de détresse, le Roi Jean, dans
une Ordonnance, signée l'année suivante à Vil-
leneuve-les-Avignon, décréta : « Que ce pays
ayant été récemment pillé et saccagé par les
Espagnols qui avaient séjourné, le Bailli du
lieu remplacerait désormais, le Viguier de
Minerve pour la présidence de l'Assemblée élec-
torale, et qu'il recevrait pour toute rémunéra-
tion, seulement la somme de cinq sols tournois » (1).

Le XVIᵉ siècle ramena sur le Sommail la
dévastation et les luttes sanglantes, sous la
pression d'un élément nouveau : La Réforme.

Trois épisodes relient la forêt d'Espine aux
guerres de religion : la tentative du 8 avril 1560
contre Anglès, le massacre des Saint-Ponnais au
champ du dolmen de la Gante le 4 mai 1622, le
passage d'Henri de Rohan et de ses troupes, à
la croix du Bessou le 17 septembre 1625.

Grâce à un contemporain huguenot, Faurin,

1. *Ordonnance* du Roi Jean donnée en février 1362.
Citée dans la monographie manuscrite de la commune
du Soulié. Op. cit.

citoyen de Castres, qui pendant quarante trois ans, de 1559 à 1602, relata au jour le jour les péripéties de la crise religieuse, il est aisé de suivre les progrès de l'hérésie et leurs conséquences, dans cette partie de la province voisine de nos bois. On y voit les efforts des premiers prédicants, l'organisation militaire de la secte et le développement du conflit de conscience, devenu querelle politique, qui pendant plus de soixante ans allait ensanglanter le Languedoc.

Après le court apaisement qui suivit le voyage de Catherine de Médicis dans le Midi (1579), les rivalités des chefs, les coups de main des partisans, les brigandages non réprimés rallument la guerre. Tandis que sur les routes de Guyenne à Paris ont lieu les grandes rencontres des armées des deux confessions, dans le Languedoc, les querelles locales mettent aux mains les populations des campagnes ; chaque ville, chaque village, est l'enjeu d'une entreprise ou d'une trahison.

C'est ce qui arriva à Anglès, le 9 avril 1650 :

« Hier, écrivait à cette date, Antoine de Lacger, juge de Castres, à M. Roux, juge-mage de Carcassonne, les garnisons catholiques qui estoient à la Salvetat ayant mis de fortes embuscades dans les fauxbourgs d'Anglès pour surprendre la ville par intelligences d'aucuns d'icelle, la trahison a esté découverte et les assaillants tellement repoussés, qu'on a escrit y

avoir quatre vingts meurtris et la ville conservée » (1).

L'affaire avait été chaude :

Les catholiques voulant s'emparer d'Anglès
avaient mis à leur tête un capitaine nommé
Angles et les Messieurs Seguin père et fils de
Malbosc. Ils avaient fait des ouvertures à un
huguenot, Jean Gau, lui demandant de secon-
der leur dessein. Celui-ci feignit d'y souscrire,
mais il en avertit ses coreligionnaires et fit
appel à des capitaines et à des soldats du Castrais, qu'il embusqua près de la ville, « atten-
dant la commodité de choquer les papistes »,
selon l'expression de Faurin. Seguin et les
siens, s'étaient retranchés dans une grange,
dans l'attente du signal de Gau. Ce dernier vint
à eux, leur conseillant « de demeurer dedans et
d'éteindre les mêches », et les quitta en fermant
la porte, dont il emporta la clef, les assurant
qu'il se rendait à la ville « voir s'il était l'heure
de donner ». Mais c'est aux Huguenots que fut
fait le signal. Ceux-ci sortant de leurs retraites,
tête baissée, coururent à la grange, y mirent le
feu, tuant tous ceux qui s'en échappaient et
poursuivant dans les champs le petit nombre
qui avait pu se sauver. Le coup fait, ils allèrent
incendier la maison des Seguin et pillèrent,

---

1. Archives de la famille de Laeger. Note au *Journal
de Faurin* publié dans les *Pièces fugitives pour servir à
l'Histoire de France* par le Marquis d'Aubays. MDCCLIX.

puis rasèrent, celle du capitaine Angles. Le chiffre des morts s'éleva à quatre-vingt-quatre (1).

Le second épisode, nous transporte sur le champ situé à gauche de la route, qui de la Croix du Bessou descend en pentes rapides vers Labastide-Rouairoux, et au-dessus duquel, le dolmen de la Gante, dessine sur le ciel son profil puissant et évocateur. Nous le devons à un contemporain, Amblard, le notaire-chroniqueur de Saint-Pons de Thomières.

Après la mort d'Henri IV, les troubles s'étaient réveillés dans ce qu'on a appelé *les quatre provinces des Religionnaires* ; la faiblesse de la régence favorisa le mouvement. Les alentours de Saint-Pons, où en octobre 1567, l'œuvre de plusieurs siècles avait été détruite, en quelques heures, par le sac de l'Abbaye, subissaient la répercussion de la nouvelle campagne de Henri de Rohan, et les « surprises » y étaient fréquentes.

Par une matinée de mai 1622, un jeune catholique, (il n'avait pas vingt-cinq ans), nommé Bourdié, complota de reprendre aux huguenots le fort de Labastide dépendant de l'évêque

---

1. Faurin. *Journal sur les guerres de Castres.* Bibl. nationale. Ms français 14.503.

de Saint-Pons. Ce dernier ayant reçu les confidences de Bourdié, communique son projet à Blazy, recteur de Labastide, qui arrête avec ce dernier : « qu'au moyen de quelque poudre et saucisses », mises sous la porte du fort, les Saint-Ponnais seraient maîtres de la place. Bourdié traître à sa parole et à sa foi, avertit les les Sieurs de Saint-Amans, de la Nougarède, de Croux et quelques autres huguenots notoires, qui réunirent secrètement six cents hommes cavaliers et fantassins. Il se rendit ensuite à Labastide où Monseigneur de Saint-Pons, plein de confiance, donna la conduite de l'entreprise à son neveu de Cadornas qui assembla cinquante des meilleurs soldats qu'il put trouver dans Saint-Pons, « sous les ordres de Pierre Bénéjean ».

Le 4 mai à l'aube, la place fut attaquée ; mais dès que les pétards eurent joué sous la porte du donjon, les huguenots, traîtreusement apostés donnèrent sur les Catholiques avec une telle force, que Cadornas et plusieurs de ses hommes furent blessés et faits prisonniers. Les autres, jugeant la partie perdue, et voyant la retraite coupée vers la ville, prirent la route de la montagne et s'élevèrent vers le dolmen, espérant sans doute, descendre ensuite vers Saint-Pons par le Crouzet et Bapeste. Ils s'arrêtèrent devant la métairie du Crouzet, poursuivis par les hordes religionnaires et se défendirent vaillamment. Vingt des leurs avaient déjà succombé, lorsque les munitions manquèrent ;

maîtres du terrain, les soldats protestants achevèrent le carnage ; trente-neuf autres catholiques furent impitoyablement massacrés. Les
corps furent entassés sur des charrettes et rapportés à Saint-Pons au milieu des gémissements des orphelins et des veuves; ils furent
ensevelis dans le cimetière de Saint-Martin-du-
Jaur. « Leurs âmes reposent en paix, ajoute le
chroniqueur, puisqu'ils sont morts pour le soutien de la foi catholique et pour la défense de
notre Roi Louis treizième, que Dieu veuille
avoir en sa garde » (1). Monsieur Gabriel Gros
avait identifié sur les registres de Saint-Pons les
noms de toutes les victimes : « Une croix, nous
écrivait-il peu de temps avant sa mort, serait
bien placée au Champ-du-Crouzet, *ad aeternam
rei memoriam* ».

Le second récit d'Amblard, a trait au passage
des armées de Rohan, dans la forêt d'Espine, le
17 septembre 1625.

Le fait tire son principal intérêt de la haute
personnalité du chef, qu'un prince soldat qui
admirait également sa stratégie, son style et
son caractère, a appelé « le premier des Huguenots » (2).

---

1. *Amblard*. Minutes, 1653.

2. Duc d'Aumale. *Hist. des Princes de Condé*. T. III.

Henri de Rohan, prince de Léon, comte de Porrhoët, « un des derniers féodaux égaré dans le XVIIe siècle », était de fière race, descendant des Rois de Bretagne et héritier par sa grand-mère, une d'Albret, des droits d'Henri IV en Navarre, avant la naissance du Dauphin. Le bon Roi qui l'aimait l'avait nommé duc et pair ; devant lui s'ouvraient les plus brillantes perspectives, quand le coup de couteau de Ravaillac, en brisant son cœur, lui enleva son guide. « Au lieu de la route tout ouverte de grand capitaine en plein soleil, il se trouva désormais engagé dans une vie de factions et de luttes ». La première guerre civile religieuse, paraît s'être faite contre son gré, bien qu'il en ait été l'instrument, mais en 1625, où la deuxième guerre fut préparée à Castres, Rohan, entraîné par son frère Soubise, se dressa contre Richelieu.

Il ne fut pas seulement le chef de l'insurrection du Midi, il en fut l'âme. Il l'avait inspirée, préparée, organisée, et la dirigea dans ses moindres détails. Pendant deux ans, on le vit courir, combattre, haranguer, paraître, ici en général, là en orateur populaire, ordonner, supplier, combiner, se prêter aux rôles les plus divers, tantôt impérieux, tantôt souple et patient, soutenant tout par son activité infatigable, son éloquence et sa valeur. Les résistances auxquelles il se heurta ne firent que stimuler son génie, et dans ce vieux Languedoc, théâtre de luttes séculaires, il sut inventer et pratiquer, par la guerre de montagne, une stratégie sans précédent.

En septembre 1625, c'est aux alentours du Sommail, que Rohan, élu généralissime par les Églises de la Haute Guyenne et du Haut Languedoc, dirige ses opérations ; les belligérants sillonnent la montagne, et du haut de la tour crénelée de la Miellouanc, une petite garnison guette l'approche des armées (1).

« Le 17, dit d'Amblard, le général ayant réuni environ deux mille hommes tant du quartier des Cévennes que de Castres, menant deux petites pièces d'artillerie, vint aux environs de Saint-Pons du côté de Labastide-Rouairoux, où avaient été brûlées la métairie des Enclauzes, appartenant au chapitre de la cathédrale, et celle du Marquet au Sieur de Pardailhan ; il ne passa plus outre, ayant été averti que M. du Pujol venait avec six cents hommes pour s'opposer à son dessein ».

Sur cette descente vers Saint-Pons, Rohan dit dans ses mémoires : « Qu'il partit de La Caune avec trois petites pièces de canon qui ne portaient pas plus qu'une orange » (2).

C'est avec cette artillerie et les troupes levées dans le Castrais, le Gévaudan et le Rouergue,

---

1. Ce poste de surveillance était installé dans la tour détruite au milieu du XIXe siècle et dont le rez-de-chaussée sert actuellement de demeure au fermier. *Notes* de M. Gabriel Gros. — V. *Les campagnes de Rohan en Languedoc. 1621-1629* : par A. de Cazenove. Toulouse. Privat. 1903.

2. *Mémoires de Rohan*. Coll. Michaud et Poujolat.

qu'il descendit sur Labastide par la croix du Bessou, afin de donner une alerte sérieuse à Saint-Pons, alors que son but réel était de secourir Mazères assiégé par les troupes royales. Tandis que son arrière garde tournait autour de la ville, faisant croire aux Saint-Ponnais à une attaque imminente, il se dirigea sur Mazères à marches forcées.

L'on sait comment après la prise de La Rochelle, la Paix d'Alais, négociée par Rohan, conclue par Richelieu, mit fin aux guerres fratricides. Comme on l'a dit : grâce à la confiance mutuelle des deux grands hommes, il n'y eut plus en France que des Français.

« L'amoureux des causes perdues » comme on l'a appelé, mourut les armes à la main en combattant pour la France : Envoyé par le Cardinal aux guerres de la Valteline, et blessé à la bataille de Rheinfeld, il expira quelques heures après la victoire, le 3 mars 1638.

. . . .

Chaque fois que par les belles soirées d'août, nous dirigeons nos pas vers le doux paysage qui encadre la vielle croix du Bessou, il nous semble entendre, sur le sol micacé, le pas du cheval d'armes « du général des Eglises » précédé de la Bible qu'il faisait porter devant lui, et briller au travers du feuillage, les mousquets des soldats, qui suivaient en chantant des psaumes, les yeux fixés sur leur chef.

CHAPITRE III

VEC le XVIIᵉ siècle, la forêt d'Espine
offre un intérêt nouveau : au cœur
des futaies, dans son plus riant paysage, sur la ligne de crête méridionale du plateau, qui au-dessus d'Anglès continue le système orographique du Sommail et de
l'Espinouse, s'élevèrent une métairie et un
château.

Le fondateur appartenait à la famille de Boulade de Citoie originaire de Brassac ; la date
des constructions est inconnue, mais elle
remonte très vraisemblablement à la fin de la
première moitié du siècle, car l'on trouve en
1650, sur le Compoix d'Anglès : Jacques de
Boulade de Citoie, propriétaire et seigneur
d'Espine, alors que le château est encore ina-
chevé (1).

---

1. *Ancien cadastre de la commune d'Anglès.* Archives
de la Mairie d'Anglès. Année 1650.

« Château imparfait », lit-on sur ce vénérable registre, dit d'Espine, couvert de lause (ardoise) avec maison, four et fournials de lause et de genêts. Les terres consistant « en jardins, prés, champs, mathes et pasturals », sont à cette époque peu importantes, et confrontent au Midi le chemin de Labastide, au Nord les terres du Verdier et les tenants du Gué de Raissac ; le reste est borné par la forêt domaniale. La contenance du Château s'élève à « vingt-deux cannes cinq pans, celle des autres bâtiments à trente cinq cannes, celle des *fonds bas* à nonante-neuf cannes quatre pans ».

Nous donnons en notes la liste des mutations successives afférentes au domaine et rédigées dans les termes parfois sybilliques des tabellions de l'époque (1).

---

1. Ajouté au présent cinq livres deux sols que le sieur d'Espine prend de Pierre Fabre de Ginestous par décret des officiers royaux de juillet 1687. — Distrait du présan un pré dit de la fon, que M. Brunet sieur d'Embourg, prend suivant le contract d'achat qui lui a été fait par demoiselle Suzanne de Guilhem tenu de Noble Marquis de Laur par contract du 2 avril 1685, reçu par M. Fabre notaire d'Anglès que le sieur d'Espine jouissait du sieur de Laur, fait ce 14 mars 1698. — Distrait encore par Jean Fabre de Ginestous, une maison, un jour acquis de Barthélémy Fabre par contract du 22 juillet 1701, reçus par Alba notaire du sieur d'Espine. — Distrait du présan 4 sols dix demis par le sieur Etienne Gleizès du Nauguet acquis du sieur d'Espine par acte passé le 25 septembre 1716. — Distrait 748, parcelle acquise de Charles Azaïs de Taillades par le sieur d'Espine et de laquelle Louis

A partir de 1650, les pièces d'Archives attestent que les Boulade de Citoic ne cessent d'habiter le château qui se dressa, jusqu'en 1898, en face du paysage que les siècles n'ont pas modifié.

Rouanet de Verdier s'est chargé le 26 novembre 1723.

Néant, sur Noble Jacques de Citon d'Espine pour son entier domaine pris par M. Pierre Gabriel Boulade par contract du 4 octobre 1759 retenu par M. Azaïs notaire de Castres passé en faveur de M. Boulade par M. de Citon de Nauzac, ce 12 octobre 1770. — Ajouté 60 H. 7 pris par le sieur Boulade sieur d'Espine pour l'entier article du Noble Pierre Dumas, par contract du 21 avril 1769 retenu par M. Pélissier notaire de Lacauno le bien composant le dit article ayant été vendu, par Dumas de Montcam, le 12 octobre 1770. — Jacques Cros Dumas en compoix pour les pièces qu'il a acquises à Noble Jacques de Citou d'Espine au mas du Naugent dit Verdier par contract reçu par Cèbe notaire le 13 mars 1689. — Distrait que M. Gabriel Boulade en prend par contract du 4 octobre 1759 passé en sa faveur par M. de Naujac devant M. Azaïs notaire de Castres le 12 octobre 1770. — Ajouté 10 H. 13 de demoiselle Suzanne de Séguin acquis d'Alexis Houlès de Lacrosse par échange du 18 décembre 1769 contract passé par M. de Gazel notaire de la Salvetat.

M. Pierre Gabriel Boulade sieur d'Espine est délivré de 24 H. 14 sur 109 H. 610 pour l'entrée premier acte de noble Jacques Dumas sieur de Cantaussel dont le sieur d'Espine est chargé et baillé à Alexis Houlès de Lacrosse par contrat d'échange du 18 décembre 1769 retenu par M. de Gazel le 12 octobre 1770. Distrait : la Métairie dite de Belle-Senne que le sieur Boulade d'Espine a vendue à Joseph Cros de Lavergne par contrat retenu par M. Soult notaire de Lacabarède le 13 décembre 1773. Il ne reste plus à M. Boulade que 72 H. fait le 2 mars 1779.

Mutations au domaine d'Espine. *Compoix d'Anglès.*

Il appartenait, disent ceux qui l'ont vu avant sa reconstruction, au type classique des châteaux de xviie siècle. Il comprenait un corps de logis composé d'un rez-de-chaussée et de deux étages. La façade présentait quinze ouvertures : quatre au rez-de-chaussée et la porte principale, cinq fenêtres à chacun des étages supérieurs. Il était flanqué de deux tours, surmontées d'un toit triangulaire : à la Révolution, les toitures de ces tours furent détruites, et rétablies à la suite du toit principal. Plus tard, une bergerie à arcades fut adossée à la façade Nord pour la préserver des intempéries.

A l'intérieur, l'escalier montait droit, face à l'entrée ; les chambres, toutes à alcôves, et sans doute tendues primitivement de tapisseries ou de toiles peintes, restèrent, au xixe siècle, simplement blanchies à la chaux. De beaux meubles les garnissaient : le souvenir s'est conservé d'un magnifique canapé et d'un superbe secrétaire qui faisaient partie du mobilier aujourd'hui dispersé.

La terrasse telle qu'on la voit de nos jours, était ornée d'une table de pierre et plantée de quatre vigoureux ormeaux. Elle s'étendait du château au mur qui la bornait au-dessus du petit jardin français. Celui-ci, formé de deux parterres étagés, auxquels on accédait par le double perron qui subsiste encore, était flanqué des deux sapins géants, sveltes fusaux de verdure, qui dominent toujours la vallée. A gauche s'élevait une petite chapelle ombragée d'un lierre magnifique (1) et dans laquelle, au moins, un seigneur d'Espine a été inhumé (2).

L'on peut, disent ceux qui ont vu la propriété avant son remaniement, en avoir une idée par la vue de celle de Gransaigne. Le plan du château (sauf l'appareil guerrier qui protège ses tours), les dispositions intérieures, au dehors l'arrangement de la cour, la table de pierre, les quatre ormeaux qui l'ombragent, la terrasse prolongée par le jardin français, laissent la question pendante : lequel des deux fut le modèle si fidèlement copié ?

En 1667, le seigneur d'Espine que nous essayerons d'identifier dans la suite de ce travail, jouissait paisiblement de son riant domaine, lorsqu'il fut troublé dans sa sécurité par les Edits que Louis XIV, alors dans toute l'ardeur de sa brillante jeunesse, rendit pour rétablir le « Grand ordre », dans le pays pacifié.

Au moment qui nous occupe, Colbert en possession de la grande puissance qui s'appuyait sur l'autorité absolue du grand Roi, opérait les réformes aussi énergiques que fécondes, qui

1. Coraly de Gaïx. *Correspondance et Œuvres*. Paris, Champion. 1912. P. 240.

2. *Testament mystique* de Pierre Gabriel, seigneur d'Espine du 12 août 1785. — Notes communiquées par M. l'Abbé Gautrand. Curé de Labastide-Rouairoux.

devaient faire de lui un des ouvriers les plus
actifs de l'édifice monarchique.

Parmi ces réformes, celle à laquelle il apporta,
dit son historien Pierre Clément, une véritable
passion, fut la reconstitution du domaine forestier si compromis à cette époque.

Dès le XIVᵉ siècle, les plus beaux bois de
France avaient été l'objet de continuelles dévas-
tations. Une Charte du Roi Jean parle « des
outrages ès forêts de son Royaume ». En 1388,
Charles VI constate que « les forêts ont été
petitement visitées et grandement foulées », en
juin 1537 un édit défendait aux évêques et abbés
de couper les futaies de leurs bénéfices. Au
XVIᵉ siècle les guerres renaissantes, l'augmenta-
tion de la valeur des terres, le développement
de l'industrie métallurgique faisaient craindre
la destruction totale des forêts : « La France
périra faute de bois », disait Sully ! Colbert à
peine au pouvoir se mit à l'œuvre et constata
l'état lamentable des bois domaniaux. Pour éviter leur anéantissement, Louis XIV enjoignit
aux Grands Maîtres, ou en leur absence aux
Contrôleurs généraux des Eaux et Forêts, « de
reconnaître la contenance de chaque massif, les
essences diverses, les coupes effectuées depuis
1635, ce qui avait été aliéné, échangé ou usurpé,
le nombre et les droits des usagers ».

Colbert impatient de tout retard, adressait des
ordres pressants à chaque Grande Maîtrise.
« Continuez, écrivait-il au commissaire pour la
réformation du Languedoc qui l'avait informé

du désordre des bois de la Province, continuez
vos visites dans les forêts où vous n'avez pas
encore été ; ne laissez passer aucun crime quelque petit qu'il soit sans punition, afin de retenir
par la crainte et le châtiment ». Le résultat de
ces instructions énergiques, fut la « visitation »
de la forêt d'Espine, qui eut lieu le 29 août 1667,
d'après l'ordre de commission donné le premier
mars précédent, par Messire Louis de Froidour,
Grand Maître enquêteur et général réformateur
des Eaux et Forêts de Languedoc.

Nous avons eu la bonne fortune de pouvoir
copier le texte de cette enquête, aux Archives
du Parlement de Toulouse. Il atteste combien
étaient importantes les déprédations commises
par les habitants limitrophes de ces bois ; les
paysans, pour s'emparer du sol et l'ensemencer
à leur profit, n'hésitaient pas à raser des portions entières de la forêt et d'en brûler sans pitié
les essences.

On y trouve, en outre, un curieux renseigne-
ment. C'est la présence à Espine, dès le xvii[e]
siècle, d'un Rouanet comme métayer du
Domaine. Donc il y a trois siècles, les Rouanet
étaient déjà constitués gardiens de ce sol auquel
ils prodiguent encore aujourd'hui un dévouement qui dépasse tout éloge. Au reste la famille,
— nous pourrions dire la dynastie des Rouanet,
— était à cette époque, une des plus nombreu-
ses du pays. M. Charles Gros, dans son étude :
Le Plateau du Sommail, remarque que ce nom
y est encore des plus répandus : de 1678 à 1760,

nous trouvons sur le Compoix du Soulié : Bernard Rouanet au Soulié-Haut, Michel et Gabriel au Soulié-Bas, Jacques, tailleur à Poussines, Pierre et Jean à Malbosc et à La Miellouane, Antoine à Vergnoles, Pierre à Ginestous, Gabriel à Cazelaures, Barthélemy au Banès, Etienne, Jean-François et André à Sept-Faux. Quelques actes concernant cette famille, qui peut si justement s'honorer de son long passé, ont été récemment relevés dans les Archives d'Anglès :

1678 : Arrentement de noble Jacques Dumas sieur de Cantaussel, aux sieurs Jean et Mathieu Rouanet frères, de la Métairie de Ferrières appelée du Milieu.

Le 8 juin 1681, à Sept-Faux, Rouanet, cardeur de laine, rédige son testament.

31 décembre 1689, Tobie Corbière de Barbazanié, déclare avoir reçu de Antoine et Pierre Rouanet de Mourgadou, 400 livres dont ces derniers étaient débiteurs. Acte reçu par Jacques Molinier, notaire à Anglès.

Le 24 juin 1690, Jacques-Pierre-François Rouanet, du Mas de Madon, déclare devoir une certaine somme à la femme de Jean Galinié.

Le 30 juillet 1690, Gabriel Rouanet, marchand d'habits, de Sept-Faux, retire sa portion de profits dans une société constituée avec Pierre Gros.

Le 22 septembre 1690, Philippoux de Sept-Faux, cède à Pagès des hypothèques sur les biens de Jean-François Rouanet.

Le 22 septembre 1690, Noble Jacques Dumas, seigneur de Cantaussel, baille en afferme son moulin à Pierre Rouanet.

Le 29 octobre 1690, Jean Combes promet mariage à Catherine Rouanet, fille de Nicolas et de Marguerite Branier.

1690. Les frères Rouanet de Sept-Faux, payent à dame Anne de Seguin, les sommes dûes au Marquis de Maurel, son fils.

1695. Jean Rouanet, habitant Carnignous, afferme pour 7 ans, à noble Jacques Dumas, seigneur de Cantaussel, le moulin à blé de Cantaussel.

30 juin 1760, Louis Rouanet, demeurant à la métairie du Pradou, déclare devoir une certaine somme au sieur Jean Houlès, négociant, du lieu de la Galiberge.

Année 1760, décès d'Anne Rouanet chez noble Seguin des Hons, capitaine au régiment de Lemps-Infanterie. Ont signé noble Seguin des Hons, Messire Henry de Seguin des Hons ecclésiastique, et plusieurs notables (1).

Enfin, ce nom revient souvent dans les Archives de l'Abbaye de Saint-Pons, les Rouanet ayant, à diverses époques, occupé des charges au Chapitre de l'église cathédrale. L'un d'entre eux, Alexandre Rouanet, de Labastide, ayant à la Révolution, adhéré à la Constitution civile

---

1. Ces divers actes sont extraits des *Minutes* de Fabre, Sanaric et Louis César Guiraud, notaires d'Anglès.

du clergé, racheta magnanimement sa faute par une réfutation restée célèbre (1).

Revenons à la forêt d'Espine, et à la visite des Commissaires du Roi.

Le 29 août 1667, une délégation venant d'inspecter la forêt de Las Faillades et composée de Louis de Capistron conseiller du Roi et procureur au siège général des Eaux et Forêts de la *Table de Marbre* du Palais de Toulouse, subdélégué pour la réformation générale des Eaux et Forêts dépendantes du domaine du Roi au pays du Comté de Castres, la Caune, Anglès, Minervois et Cabardès, accompagné de Louis Palazy, greffier de la commission, de Laurent Savaric, judicateur et de Ladoux, huissier se dirigea vers la forêt d'Espine.

Au moment de passer l'Arn, elle fit prêter serment à Antoine Rouanet de Mourgadou, à Jean Rouanet de Lasfargues et à Savaric, indicateurs préposés à cette visite, par les consuls d'Anglès.

Celle-ci commença par le Moulin de Bonnet ou Combe-Roquette, où est installée « une scie d'eau ». Le propriétaire, Pierre Bonnet, justi-

1. J. Sahuc. *Saint-Pons de Thomières*. Op. cit. — F. Saurel. *Histoire relig. du dép. de L'Hérault pendant la Révolution*. T. III.

fie la présence des piles de bois entassées et
prêtes à être sciées, en disant qu'elles ont
été portées là, à cette fin, par les habitants
d'Anglès. La commission se dirige ensuite vers
le bois de la Poularié, entrant dans la forêt par
le gué de Lanque près du « masage du Pont ».
Là, les Enquêteurs constatent « que la forêt est
située sur une montagne dans laquelle quelques
petits ruisseaux viennent se jeter dans l'Arn du
côté d'Aquilon ; que du côté du Levant le terrain est fort bon et du côté du Couchant fort
pierreux. Que les futaies sont en hêtre ou bois
de fau, fort vieilles et souvent ruinées, les plus
belles ayant été coupées par les habitants d'Anglès pour en faire des poutres, que cette forêt
confronte : du Levant la métairie de Navines,
appartenant à M. de Crouzet et les terres du
Pont, ruisseau au milieu ; du Couchant, les
terres du masage de la Lèbre ; du Midi, le Con-
quet, la terre de Labastide-Rouairoux et la terre
de Saint-Pons ; et d'Aquilon, la rivière de l'Arn.
Qu'elle n'est en aucun endroit bornée par des
fossés ou des bornes, et qu'elle a une lieue et
demie de circonférence. » Ils constatent que le
débit du bois est difficile, ne pouvant s'em-
ployer qu'en charbon et à la scie, et qu'à Saint-
Pons, ville la plus proche, le charbon ne pour-
rait se débiter qu'à très bon compte à cause de
l'abondance de bois dans cette région.

Puis, dans le but de mieux vérifier les déprédations, ils reviennent par le même chemin
« proche le gué de Raissac », et constatent de

multiples dégâts : des futaies entières ont été détruites, le feu a anéanti les taillis usurpés, de tous côtés s'est étendue la dilapidation et le pillage ; c'est sans pitié et sans honte que les ruraux du voisinage :

Se taillaient des pourpoints dans ce manteau de roi.

Mathieu Vieu, Barthélemy Galinier et Jean Taillades, de la métairie de Raissac, Barthélemy Cros et Jean Pech du Verdier, Etienne Martin de Bourcabala, la veuve Benoit de Comberoquette, Charles Pagès des Taillades, tous, constatent les Enquêteurs, ont ouvert dans les futaies, des trouées et des brèches, par la hache et par le feu.

Sur le penchant sud de la montagne, ils rencontrent François et Etienne Martin de Bourcabala, labourant un champ avec une paire de vaches qu'ils déclarent appartenir à M. d'Espine. La saisie de l'attelage est ordonnée et les Frères Martin assignés devant le Grand Maître M. de Froidour.

Après avoir inspecté la partie de la forêt appelée « lous Plégadous » où Barthélemy Cros a déboisé une séterée, la Commission se dirige vers la métairie d'Espine « dont les terres confrontent : au Sud, la forêt d'Espine et la Poularié et un champ dit « del Fournié » et constatent qu'aux alentours, plusieurs coupes ont été indûment faites par les ordres du châtelain. A ce moment, M. d'Espine vient se joindre aux commissaires, et sur leurs observations les assure, que « ses prédécesseurs s'étaient depuis longtemps chargés des terres déboisées et qu'il en paye exactement la taille. » Il lui est répondu que ni les Consuls d'Anglès ni aucune autre autorité n'a le droit d'aliéner le fonds des forêts royales et on l'invite à produire devant M. de Froidour, en son hôtel, en la Cour de la Monnaie à Toulouse, ses titres de droits sur la forêt.

La délégation poursuit son mandat, accompagnée par M. d'Espine. Elle se dirige vers la croix du Bessou où l'on constate « les coupes déréglées » faites par Paul et Etienne Delort, et les prétentions de M. de Crouzet qui a placé des bornes en ce coin de la forêt, et de la veuve Hugonin du Pont qui a déboisé une séterée de taillis. Ils retournent à Bourcabala où Etienne et François Martin ont, — comme nous l'avons vu, — été surpris labourant un champ que l'on suppose domanial. M. d'Espine déclare qu'ils l'ont fait sur son ordre, que ce champ lui appartient et qu'il en paye les tailles à Anglès.

La visite est terminée et, vu l'heure avancée, les commissaires vont coucher au Pont chez la Veuve Hugonin.

Au procès verbal de la visite, est joint celui de l'arpentage. Le 18 septembre suivant, Paul et Guillaume Pech, arpenteurs-jurés de Revel, y procédèrent. Ils constatèrent d'abord, que « les forêts d'Espine, de la Polarié et de Saint-Martin ne faisant qu'un, étaient bornées au Levant partie par les vacants de la Commu-

nauté d'Anglès, les terres de Navines et les terres du Pont ; au Couchant partie par l'Arn, les
terres et bois inféodés par les Sieurs Rivière et
Rouanet ; du Midi par les terres du Consulat
de Saint-Pons de Thomières, les terres du Sieur
Paul Delort et de M. d'Espine ; du Septentrion
par la rive de l'Arn, le pré de Mademoiselle du
Pont entouré de murailles de pierre servant de
bornes, les vacants de ladite communauté, les
terres inféodées par M. d'Espine et le Moulin
de Bonnet ».

Ils constatent les belles remises de hêtres de
vingt à trente ans, plantées jusques au ruisseau
qui sort de la fontaine dite « la croix d'Espine »
fontaine disparue, aujourd'hui, mais dont l'existence est attestée par le vivier que l'on voit dans
les fougères à droite de l'avenue qui, du carrefour de la croix, se dirige vers Bourg-Cabala. La
reconnaissance terminée, ils procédèrent à l'arpentage « tant de la forêt que des terres inclu-
ses », et trouvèrent « 584 arpens mesure de
Toulouse, faisant l'arpent de 576 perches, et la
perche de 14 pans ; et à la mesure d'Anglès de
1006 séterées, la séterée faisant 256 perches et
la perche 16 pans ». Ils dressèrent le plan, mar-
quèrent les bornes, « les angles plis et replis, »
en présence de M. d'Espine et de Marc Rouanet
son métayer et signèrent les procès-verbaux (1).

---

en vertu de la commission à eux donnée, le 1er mars, par
M. de Froidour, Grand Maître enquêteur et général
réformateur des Eaux et Forêts au département de Languedoc, commissaire-député par S. M. pour la réformation générale des Eaux et Forêts au département de la
Grande Maîtrise de Toulouse. — L'administration fores-
tière ne conserva que les bois de haute futaie, c'est-à-
dire Salabert près de Peyrelade et la Blanque entre
Cousines et Vaissières. Tout le reste fut cédé en 1670
moyennant 80.000 livres à la Communauté d'Anglès et
devint bois communal. Les bois qui se trouvaient dans
la partie de cette commune qui a été distraite en 1686-
1709, pour former la commune actuelle du Soulié, ont
été aliénés successivement, par cette dernière, au profit
des particuliers. — Gabriel Gros. *Préface au Compoix
du Soulié*. Op. cit.

CHAPITRE IV

ÉLIVRÉE de ses tyrans, la forêt prit sa revanche, elle pansa ses blessures et se développa dans son mystère et sa beauté.

Comme aujourd'hui l'arceau des allées profondes s'étendit en interminables nefs, le labyrinthe des taillis couvrit de jade et d'émeraude les flancs de la montagne, et la nuit verte des sous-bois, éclaira sans être troublée, l'intimité silencieuse des clairières. Chaque saison l'embellit d'une nouvelle parure : le printemps rajeunit ses hêtres, ses alisiers, ses chênes et ses sycomores et l'hiver respecta l'impérissable verdure des épicéas, des sapins et des houx. Les brouillards de l'automne étendirent sur les larges pierres grises le tapis velouté des mousses et engaînèrent de lichens les troncs dépouillés, tandis que la jonchée des feuilles mortes et des faînes rouillées, mettaient au sol des allées des

sillons d'or bruni et des raies de pourpre
éteinte.

Comme aujourd'hui, les fruits y étaient rares ;
seules la fraise, la framboise, la noisette,
égayaient les buissons, et après les pluies, les
champignons savoureux perçaient les mousses,
à côté des ombelles redoutables, parfois trai-
treusement teinte du plus bel azur.

Peu de fleurs, aussi, sauf la petite pensée
bleue, la large marguerite blanche et la clochette
des digitales qui paraient les marges des chemins, mais à la fin de l'été, lorsque la terre
était rafraîchie par les orages de la mi-août, la
montagne se couvrait du tapis mauve des
bruyères, et sur les rocs les plus arides, se
déployaient les nappes roses du serpolet.

Un nombreux gibier vivait dans les réserves ;
l'air était peuplé de corbeaux, d'éperviers et de
buses et dans les fourrés pullulaient les san-
gliers, les chevreuils, les renards, les lapins, les
lièvres et les blaireaux. Les loups n'en disparu-
rent, dit-on, qu'au milieu du XIXe siècle : d'après
la tradition orale, onze loups, les derniers de la
forêt d'Espine, sont enfouis sous le grand til-
leul qui s'élève au centre d'un banc circulaire,
dans les ruines de Saint-Martin de Cousses, à
quelques pas de la croix du Bessou.

C'est vraisemblablement, aussi, au XVIIe siècle, que fut tracée l'avenue qui, de la croix du
Bessou au château, étend encore aujourd'hui sa
triple allée de hêtres séculaires, et que fut placée, au centre du carrefour, dont le temps n'a

guère dû modifier la perspective, la croix, qui se dresse encore, dans l'ombre recueillie des futaies.

Elle s'élève sur un piédestal arrondi, qu'un hêtre isolé couvre de la protection de ses branches ; sur ses bras sont sculptés les insignes de la Passion : les tenailles et le marteau. Au centre, sur un écusson à demi effacé, — car l'on n'aperçoit ces détails qu'au matin, par certains jeux de la lumière, — un ange aux ailes éployées présente le voile de Véronique. La date de ce petit monument est incertaine ; peut-être, malgré son aspect très fruste, ne faut-il l'attribuer qu'au règne de Louis XIII, à la fin des guerres de Religion. Cette présomption est admissible lorsque l'on se rappelle le passage des armées protestantes dans cette partie de la forêt ; les soldats de Rohan ne laissaient guère de croix debout sur leur passage. Peut-être, aussi, érigée là antérieurement, comme la croix de Bessou, et renversée à cette époque, fut-elle après la Paix d'Alais, réédifiée par les vieux seigneurs (1). Quelle que soit la date où l'artiste inconnu grava sur son granit les instruments de la Passion du Sauveur, la croix de la forêt se dresse toujours dans la verte pénombre, émouvante surtout, lorsque par les soirs d'été le cou-

---

1. La Croix du Bessou s'élevait à la place qu'elle occupe actuellement, sur le point culminant de la route de la Bastide-Rouairoux, à La Caune, dès la première moitié du xe siècle, puisqu'en 940 elle figure sur une des chartes de l'Abbaye de Saint-Pons.

chant l'auréole d'un vitrail couleur d'ambre irradié de soleil. Vénérée et invoquée comme jadis, elle reste au cœur de ces bois dont elle est le palladium et la gardienne, debout malgré le temps, les vicissitudes et les orages, sous la triple nef de ce temple de verdure que pare chaque printemps.

En ces temps lointains comme aujourd'hui, les possesseurs d'Espine pouvaient de leur terrasse, ombragée par les deux grands sapins, reposer leur regard sur le calme paysage qui s'abaisse en pentes verdoyantes et se relève en triples degrés sur les crêtes de la vallée de Saint-Amans, les sommets dépouillés de la Montagne Noire, et par les journées très pures, sur les cimes blanches des Pyrénées.

Mais sans doute, la vision dont ils goûtèrent surtout le charme, et firent le plus souvent la confidente de leurs rêveries, fut celle qu'ils découvraient, lorsque s'élevant vers le nord, au sommet du domaine, sur le promontoire *du rocher*, ils voyaient se dérouler sous leurs pieds le tableau à la fois intime et grandiose, qu'offre, de l'Espinouse aux monts de Lacaune et de Castres, le riant plateau du Sommail (1). Si

---

1. La vallée de l'Arn est circonscrite : au midi par la montagne du Sommail qui limite les bassins de l'Océan et de la Méditerranée et dont le sommet principal (1046 m.) est sur le territoire de la commune du Soulié ; par le contrefort sud-est, nord-est, suivi de Cousines à la Miellouane, par la route de Saint-Pons à Anglès ; au

certaines parties du versant méridional, telles
que le Briol, évoquent les coins les plus charmants de la campagne anglaise, le plateau du
Sommail est l'idéal du paysage français. Là-
bas, derrière les collines, l'église du Soulié,
alors toute neuve, car elle fut construite en 1673,
dresse son clocher trapu, qui rassemble autour
de lui ses maisons, comme la poule de l'Evan-
gile rassemble ses poussins sous ses ailes ; à
côté, s'étend le petit cimetière pour lequel,
le 8 septembre 1690, Etienne Fabre, forgeron,
vendit son jardin au prix de 107 livres, en présence de l'abbé Diffre, curé (1). Aux alentours,
sur le tapis varié des cultures, que l'Arn tra-
verse de son fil d'argent, égayé par les jolis
moulins (2), s'élèvent les maisons des maîtres.

---

nord, par une chaîne de collines, commençant près du
Saut de Vézolles par un arc de cercle au milieu duquel
l'Arn prend naissance, entrant à Bernicot dans la commune du Soulié et finissant à Malbosc. Sur le flanc méridional, se trouvent exposées au soleil, les habitations
de Cazedaures, Cabilles, Caraman, le Soulié, Vergou
niac et Malbosc, tandis que le revers de la montagne du
Sommail est occupé par les Bois de la Blanque, de Ginestous, et de la Soubirane.

1. *Archives municipales* d'Anglès.

2. L'Arn après avoir parcouru environ cinq kilomètres
depuis sa source, pénètre dans la commune du Soulié à
l'altitude de 889 m., au pont du Moulinet en sort à celle
de 794, au pont de Sèmes après un parcours d'environ
11 kilomètres. Sur ses bords, ou à peu de distance, il
arrose : La Roque, le Moulinet, la Blanque, la Resse, la

rassemblant, elles aussi, autour d'elles leurs
serviteurs, leurs ouvriers, leurs troupeaux. C'est
Caraman, qui mire ses tourelles et ses fleurs
merveilleuses dans les flots de son lac d'azur,
Vergouniac, enfoui dans la verdure, Malbosc
posé comme une libellule, aux centre des deux
allées qui lui forment des ailes, et la Miellouane,
veuve de sa tour médiévale, c'est le Pont, perle
sertie de brillants par les flots étincelants de
l'Arn, plus loin, Gransaigne cache, dans ses
futaies séculaires, ses tours chargées d'échau-
guettes et de machicoulis.

De ces belles demeures, nous avons essayé
de rassembler quelques souvenirs. Le compoix
du Soulié nous a livré les noms de leurs possesseurs au xviie siècle et des terres qui en faisaient
partie. Cette énumération, bien qu'assez aride,
intéressera peut-être les propriétaires actuels
de ces lieux vénérables, agrestes et charmants.

De toutes les résidences du Sommail, Malbosc nous apparaît comme la plus ancienne.

Fayolle, Ginestous, le moulin de Vergouniac, les Caba-
nasses, la Miellouane et le Pont. — Le petit vallon de
Rieufrecht, descend du col de Cousines au Pont, entre
la partie occidentale du Sommail, au midi, et le contrefort allant du col de Cousines à la Miellouane ; il ren-
ferme Cousines, Vaisse-Plégade, Gransaigne, Navines et
le Pont.

Nous la trouvons mentionnée, en 1259, lors de l'Enquête du Roi Saint Louis, après la Croisade albigeoise. Pendant les guerres de Religion, son nom est associé à celui de la famille de Seguin des Hons que nous rencontrons soit dans les Mémoires de Gaches, soit dans le Journal de Faurin, car un Seguin des Hons, originaire d'Anglès, commanda les catholiques en 1560, pendant les luttes des deux confessions. Les Seguin tinrent dans le pays une place notoire ; ils occupèrent des charges importantes au Chapitre de Saint-Pons de Thomières et les minutes des notaires d'Anglès sont remplies de leur nom (1) :

24 novembre 1659. Dame Suzanne de Terson, veuve de noble David de Seguin des Hons, mère pieuse, et légitime administratrice d'une part, et André Bousquet du Soulier, ont fait compte final de tous payements.

1659. Elisabeth de Seguin, femme de Etienne (nom illisible) et ses filles Judith et Elisabeth, reçoivent par le testament de ce dernier la somme de trois cents livres payable, par ses héritiers, lorsqu'elles « trouveront à se colloquer en mariage ». Le défunt qui appartient à la Religion réformée, donne en outre aux « pauvres de Dieu du lieu d'Anglès » trois *cartières* de seigle qu'il veut être distribuées en pains cuits,

---

1. Minutes de Jacques Ichez, de Louis César Guiraud, de Sanaric et de Fabre, notaires d'Anglès.

devant la porte de sa maison, dans l'an de son décès.

1er janvier 1660. Suzanne de Terson, veuve de noble David de Seguin des Hons, mère et légitime administratrice de ses enfants, baille à moitié fruit à François Saignes, une vigne au consulat de Laurens.

1670. Règlement des comptes entre Guillaume de Seguin, seigneur des Hons et Antoine Bousquet.

1670. Guillaume de Seguin des Hons, baille à ferme, à Jacques Molinier ses trois métairies situées à Malbosc.

1670. Guillaume de Seguin des Hons, baille à ferme, sa métairie du Verdier, à Pierre Azéma.

1671. Suzanne de Terson, veuve de David de Seguin des Hons, institue pour son procureur général noble Honoré de Seguin, seigneur du Verdier, son fils.

1671. Guillaume de Seguin des Hons, Pierre Icher et Charles Sire consuls, baillent à Jean Milhau, avocat aux Offices royaux du dit Anglès, la levée des deniers royaux.

1688. Noble Guillaume de Seguin, seigneur des Hons, premier consul, afferme sa métairie du Gazel.

1689. Anne de Seguin veuve de noble Alexandre de Maurel, sieur du Salvan, fait, pour le marquis de Maurel son fils, compte final avec Gabriel Barthès de Combalus.

1689. Anne de Seguin, veuve de noble Alexandre de Maurel, marie son fils, le marquis de

Maurel à demoiselle Isabeau de Pemier, qui reçoit en dot trois mille livres tournois.

1689. Noble Guillaume de Seguin des Hons, premier consul, déclare avoir baillé à Jacques Cèbe habitant de Peirusotte, huit arpents de bois dans la forêt royale de Moustous. Signé Diffre, curé du Soulié.

1689. Anne de Seguin, veuve de noble Alexandre de Maurel, seigneur du Salvan, prend à sa charge la dette de 766 livres, contractée par le marquis de Maurel son fils, à Daniel Marty fils, de Lacabarède.

1689. — Noble Guillaume de Seguin, consent la vente de la métairie de Combebelle, à Jean et Mathieu Barreau.

1690. Noble Guillaume de Seguin, seigneur des Hons, premier consul, baille la boucherie d'Anglès à Pierre Carquabiaou de Labastide.

1690. Noble Guillaume, seigneur des Hons, vend à Pierre Rouanet, meunier en son moulin de la Soubirane, 6 arpents de bois à couper dans la forêt du Breil. L'acte est passé au nom de Pierre Rouanet de Malbosc, résidant à la Miellouane, en présence de David Hugonin, collecteur d'Anglès.

15 août 1690. Dame Suzanne de Seguin, épouse de noble César de Maurel, seigneur de Combericard, donne à travailler à moitié sa métairie de la Crosse y compris la chapellenie qu'elle tient en afferme du sieur prêtre qui en est le chapelain, pour cinq ans. Les travaux seront faits par Pierre et Jacques Galinier.

1696. Françoise de Seguin, décédée, constitue administrateur de ses biens dotaux Charles Mascarenc, seigneur de Raissac.

En 1753 un des Hons est inhumé dans l'Eglise paroissiale d'Anglès, où se voit encore sa dalle funéraire et un de ses petits-fils, né en 1760, comptera en 1793, parmi les confesseurs de la Foi.

D'après le compoix du Souié, Malbosc était en 1686 entre les mains de « noble Guillaume de Seguin, seigneur des Hons », il est muet sur la maison seigneuriale et ne porte que sur la description des dépendances :

1° Une maison à usage de poulailler, avec four, couverte d'ardoise et basse-cour, confrontant de tous côtés pâtures.

2° Une autre maison à usage d'écurie, poulailler et four, couverte d'ardoise, confrontant du sud-est et du nord pâtures, du nord-ouest pâtures, Pierre et Jean Rouanet.

3° Une bergerie en ruines, sans couvert dite « Des Bourrets », confrontant du sud Pierre et Jean Rouanet, des autres côtés pâtures.

4° Une bergerie dite « Des Aniels » couverte de genêt, confrontant de tous côtés pâtures.

5° Une porcherie couverte de genêt.

6° Une bergerie dite de « Las Fedes » et hangar, couverts de genêt.

7° Une bergerie couverte de genêt, dite « Noue ».

8° Une bergerie couverte de genêt, dite « Grande ».

9° Une bergerie et gerbier couverts de genêt.

10° Un gerbier couvert de genêt.

Ces sept derniers bâtiments confrontant chacun et de tous côtés des pâtures.

11° Une propriété dite de « Pradel Natoulhe », consistant en jardin, prés, champs, hermes et herbier. Ce dernier traversé par le ruisseau de Sèmes. La dite propriété confrontant du sud-est pâtures, Jean Rouanet et Chemin de La Salvetat à Labastide, du nord-ouest lesdites pâtures et des vacants ; du sud le Chemin d'Anglès à Saint-Pons ; du nord le Chemin de Sept-Faux à la Miellouane, pâtures, Rouanet et lui-même.

12° Un champ, pré et herme, appelé « Sagne Longue » et « Bourcabala », confrontant du sud-est la rivière de l'Arn, du sud les héritiers de M. Michel Hugonin ; du nord-ouest des vacants et du nord Charles Sire.

13° Diverses pièces de terre, consistant en champs, près, herme et herbiers, appelés : « Le Picharlou », « Le Pourtalas », « Lissard », « Le Col d'Embot », de « Lebes plus Haut », « Lebes Bas », « Rec de Sendette » et « Ensegade », « La Combette », « Mouret », « Courtalas », « La Fon de Salses » et « Fontanelles ».

La pièce de terre dénommée « Le Col d'Embot » est traversée par le chemin de La Salvetat à Labastide.

L'ensemble confronte du sud-est le Chemin de La Salvetat à Labastide, des vacants, Pierre et Jean Rouanet, du sud lesdits Rouanet, les pâtures du mas ; le chemin dudit mas à La Miellouane, le chemin du mas à Sept-Faux et à lui-même, du nord-ouest le ruisseau de Sèmes, vacants et Rouanet, du nord lui-même pour les terres de Catarel et lesdits Rouanet.

14° Une métairie appelée « Catarel », composée d'une maison couverte d'ardoise, jardins, prés, champs, hermes et herbiers, traversés par le ruisseau de Sèmes et le chemin de Malbosc à La Salvetat. Dans cette propriété Pierre Galinié possède une maison et quelques pièces de terre. L'ensemble confronte du sud-est les pâtures dudit mas, le chemin de La Salvetat et vacants, du sud lui-même pour les terres de Malbosc, Pierre et Jean Rouanet ; pâtures dudit mas et Galinier, du nord-est le ruisseau de Sèmes, passage et vacants, du nord un chemin et lesdits vacants.

15° Un herbier appelé « Del Belaiq », confrontant du sud-est des vacants, du sud Antoine Rouanet de Verniolles, du nord et du nord-ouest Marquis de Brenet.

Le domaine de Malbosc comprenait encore :

A Pierre et Jean Rouanet :

1° Une maison couverte d'ardoise et jardin attenant, confrontant du sud-est Guilhaume de Seguin et pâtures, du sud ledit de Seguin, du sud-ouest et du nord pâtures et de Seguin.

2° Un four couvert d'ardoise, confrontant pâtures de tous côtés.

3° Une bergerie couverte de genêt, appelée « Las Vaques » et une porcherie couverte d'ardoise, confrontant du nord Guilhaume de Seguin et pâtures ; des autres côtés pâtures.

4° Une bergerie appelée « Las Fedes » et un gerbier couverts de genêt, confrontant de tous côtés pâtures.

5° Un jardin appelé « l'Ortel », confrontant du nord pâtures et des autres côtés Guilhaume de Seguin.

6° Un pré, chènevière, champs et herme, appelés « Le Pradel Mingaut », « Courtelas » et « Combe », confrontant du sud Guilhaume de Seguin et pâtures, des autres côtés ledit de Seguin.

7° Un pré, champ et herme, dits « d'Ensegade », « Besalade del Mouret » et « Fon de Salses », confrontant du nord-ouest Guilhaume de Seguin, un passage et des autres côtés ledit de Seguin.

8° Un champ, herme et herbier appelé « La Sagnote » et « Mouret », confrontant du sud-est un passage et Guilhaume de Seguin, du nord-ouest des vacants, du sud ledit Seguin et du nord ledit passage.

9° Un champ dit « Le Picharlou », traversé par le chemin allant à Vergouniac, confrontant du sud pâtures et des autres côtés Guilhaume de Seguin.

10° Un champ et herme appelé « La Grunas et Lebes », confrontant du chemin de La Salvetat à Labastide et Guilhaume de Seguin, des autres côtés ledit de Seguin.

11° Un champ dit « del Garric et Rec de Sendette », traversé par le chemin de La Salvetat à Labastide, confrontant du sud-est Guilhaume de Seguin et des vacants, des autres côtés ledit de Seguin.

A noble Jacques de La Roque, sieur de Lacan :

1° Un pré, champ et herme, lieu dit « Abelot », confrontant du sud-est des vacants et Alexandre de Maurel, du sud lesdits vacants, du nord-ouest un passage, du nord le Chemin d'Anglès à Sept-Faux.

2° Un champ à « La Cotte en Daïdé », confrontant du sud, de l'est et de l'ouest des vacants (1).

Non loin de Malbosc, et sur les bords de l'Arn, la Miellouane (Miech Lougane) formait avec Vaisseplégade, le domaine de Charles Sire. Comme aujourd'hui, la roue de son moulin faisait jaillir des gerbes écumeuses, mais au dix-septième siècle, une tour élevée, sur rez-de-chaussée, d'un étage et d'un galetas, se dressait au-dessus de la maison actuelle du fermier ; elle était, à la façon de celles de Gransaigne, protégée par des machicoulis, et avait pendant les guerres de Religion, abrité la petite garnison d'un poste de surveillance. Elle fut abattue il y a quatre-vingts ans par ses propriétaires (2).
Cette métairie comprenait :

Une maison, avec boutique de forgeron couverte d'ardoise. Une basse-cour, un four, deux fenils et une porcherie couverts de genêt. Une scie couverte de genêt avec son barrage sur le petit ruisseau venant de la rivière de l'Arn. Une autre maison

---

1. *Compoix* du Soulié de l'année 1686.

2. *Notes* communiquées par M. Gabriel Gros.

couverte de genêt au même tènement, lieu dit
« Laboual », avec jardins, prés, bois, champs, hermes
et herbiers. Le tout confronte du sud-est des vacants,
du sud les terres de la métairie du « Pont », du nord
et du nord-ouest la Rivière de l'Arn.

3° Un champ et pré dits « Del Rouge » et de « La
Planque » dans lesquels passe le chemin de La
Miellouane à Griffoulioux, confrontant du sud-est
la Rivière de l'Arn, du sud ladite rivière, les terres
de « Malbosc » et vacants, du nord lesdits vacants (1).

Caraman appartenait, en 1686, à noble Charles François de Saint-Martin fils de Bertrand
Alexandre, également propriétaire d'une métairie importante au Soulié-bas (2).

Les Bourguignons de Saint-Martin, apparte-
naient à la noblesse de Carcassonne et portaient : *d'azur à un rocher d'or*. Leur nom
figure sur les Jugements de M. de Bezons (3).
Une branche se fixa à Saint-Pons, et fut une
des familles les plus considérables de la cité ;
elle y jouit du privilège de droit de sépulture
dans l'Eglise de l'Abbaye (4).

---

1. *Compoix* du Soulié de l'année 1686.

2. *Compoix* de la commune du Soulié année 1686.

3. *Jugements sur la noblesse de Languedoc.* Par M. de
Bezons. Généralité de Toulouse.

4. J. Sahuc. *Saint-Pons, de Thomières.* Op. cit.

Ils avaient pour auteur Jacques Bourguignon,
originaire de Bourgogne, établi à Saint-
Pons premier consul en 1529, père de Claire,
épouse de Verdiguier et de Jean expulsé de
Saint-Pons, en 1568, avec son oncle Gardulla
ou de Gartoule, vicaire temporel du diocèse, par
les protestants. Ce Jean fut père de deux filles
Judith et Suzanne et d'un autre Jean, seigneur
de Costelade, près Peyrelade, métairie dans
laquelle se trouvent la chapelle et le bois de
Saint-Martin dont la famille a joint le nom, à
son nom patronymique. Elle a joué un rôle
important au xviiie siècle, par ses services militaires : Jean André, arrière petit-fils de Jean
seigneur de Costelade, fut père de Paul-César-
André-Guillaume de Saint-Martin, époux, en
1805, de Victoire-Antoinette de Cazes, et de
Philiberte, qui épousa, en 1790, Marie-Joseph
Augustin de Raynaud.

En 1696. Dame Marie de Citou veuve du
Chevalier de Saint-Martin, hérita de Caraman
en conséquence du testament de son époux (1).
Le domaine comprenait :

1° Une maison avec four attenant, à Caraman,
confrontant de tous côtés des pâtures.

2° Une bergerie couverte de genêt, dite de « Las
Vaques », confrontant du nord-est Etienne Bousquet
et des autres côtés des pâtures.

3° Une maison d'habitation, confrontant du sud-

---

1. Compoix du Soulié. Année 1686.

est Jacques Arraou et des autres côtés des pâtures.

4° Une bergerie couverte de genêt dite de « Las Fedes », confrontant de tous côtés des pâtures

5° Une maison, couverte d'ardoise ; hangar couvert de genêt. Jardin, pré, champ et herme dit « Prat Grand », « Cans Talhade », « Mouly » et « Matte de Carles ». Dans cette propriété Jacques Arraou possède un petit jardin, pré et champ appelé : « Le Rencant et Matte de Carles », et un moulin à blé indivis avec les autres habitants de cette métairie.

Un chemin allant au Soulié et La Fajolle passe dans la propriété. Il y a aussi un passage allant « As Cans »

L'ensemble confronte du sud-est le chemin de la métairie à « Cau de Saures », Pierre Bousquet, Jean Bousquet et autre Pierre Bousquet, Jacques Arraou et vacants, du sud Pierre Bousquet, Jean Bousquet, Étienne Bousquet, autre Pierre Bousquet et Jean Cros, du sud-est Raymond Corbière et vacants, du nord Etienne Bousquet, chemin de ladite métairie au Soulié, pâtures et chemin allant à « Cau de Saures ».

6° Un jardin dit de « l'Aire », confrontant du sud-est le chemin de la métairie précitée à La Salvetat, du sud les aires et pâtures, du nord et du nord-est Jacques Arraou et Pierre Gau.

7° Deux tiers du moulin à blé avec sa meule, sur le Ruisseau dit « Del Pas de Caraman » ; ses dépendances couvertes de genêt, son barrage sur ledit petit ruisseau. L'autre tiers est commun et indivis entre les consorts Bousquet et Jacques Arraou.

8° Diverses pièces de terre en nature de champs,

prés, bois, hermes et herbier, appelées : « Mas Viel », « Rasigade », « Combejanot », « Des Gascons », « Tranes », « Méric », « La Franchibe » et « Camp de las Vasches ».

Dans ces terres passe un chemin allant de la métairie précitée à La Salvetat.

L'ensemble confronte du sud-est et du nord-est des vacants, du sud Jean Bousquet, chemin de la Métairie à « Cau de Saures » et du nord un passage.

9° Un champ et herme appelé « La Capte de Besquet », confrontant du sud un passage et des autres côtés des vacants.

10° Une maison couverte d'ardoise à « Cau de Saures », confrontant du nord-est Jean Barthes et des autres côtés des pâtures.

11° Une bergerie couverte d'ardoise dite de « Las Fedes » avec jardin attenant, confrontant du sud-est Jean Barthes et pâtures, des autres côtés des pâtures.

12° Une bergerie et porcherie couvertes d'ardoise, confrontant de tous côtés des pâtures.

13° Une bergerie couverte de genêt dite « Des Moutons » avec aire attenant, confrontant du sud-est Jean Barthes et des autres côtés des pâtures.

14° Diverses pièces de terre, consistant en champs, hermes et herbiers. Sur cette propriété se trouvent deux maisons d'habitation appelées « Le Mas del Bosc », confrontant du sud-est « Le Rec Del Segnou » ; lequel ruisseau forme la limite du territoire de la commune de La Salvetat ; du sud et du nord-est des vacants et du nord André Cros.

15° Diverses pièces de terre, consistant en jardin, pré, champ, hermes et herbier, dites « De la Ville »,

« De la Janette », « Dal Suquat », « Del Rey », « De Bardou », « Champ de las Vaques », « Salvaire », « Cabilhe » et « Plo dal Mouly ».

De cette propriété partent trois chemins : le premier, dit « Farrat » allant de La Salvetat à Saint-Pons ; le second allant au « Moulinet » et le troisième au Moulin de « La Blanque ».

L'ensemble confronte du sud et du sud-ouest des vacants ; du nord-ouest Jean Barthes, Chemin de ladite propriété à « Caraman », pâtures de ladite, Jean Guibert, André Cros et Jean Barthes, du nord lesdits Barthes, Gros et Guibert.

Les renseignements sur le Pont sont moins abondants. Il en est question, comme nous l'avons vu, dans l'enquête de 1669 sur le forêt d'Espine ; l'on sait aussi que ce domaine fut inféodé à Gransaigne par Tabariès devenu propriétaire de ce dernier.

En 1686. Le Pont appartenait aux héritiers de Michel Hugonin d'Anglès. Les Minutes notariales de cette ville nous ont livré plusieurs documents sur cette famille qui occupa un rang considérable dans le pays (1).

1659. 9 novembre. Jean Hugonin signe comme

---

1. Minutes de Guiraud, Fabre et Ichez, notaires d'Anglès.

témoin, un acte passé entre Jacques Gabrol, consul d'Anglès et Pierre Jèse.

1670. 23 novembre. Pierre Barthe et Laurent Azaïs reconnaissent tenir une gazaille de Isaac Hugonin.

1688. Gédéon Hugonin, sieur de Bonnefon, assiste à une transaction entre David d'Alquier, sieur de la Prade, Barthélemy Samaric et Jean Alquier, sieur de Rieupeyroux.

1690. 25 mai. Paul Hugonin, seigneur de la Vertuguié est nommé premier consul, à Anglès.

1794. Gédéon Hugonin, seigneur de Bonnefon, est procureur fondé de noble Hyacinthe de Bourguignon de Saint-Martin, habitant Saint-Pons.

1695. 10 août. Testament d'Esther Hugonin, épouse de Charles Cèbe du Pont, terre d'Anglès.

1696. 6 avril. Paul Hugonin, seigneur de La Barthe, fermier des droits décimaux que Monseigneur l'Evêque de Saint-Pons prend dans ses Etats, fait cession au sieur de Saint-Félix, pour le prix de 150 livres, des droits sur les biens d'Etienne Bousquet.

1696. Jean Hugonin, seigneur de la Combe, consent au mariage de Marie d'Alquier, sa cousine, avec Louis de Loupay.

1756. 6 juillet. César Hugonin, sieur d'Escambous, donne à bail sa métairie de Boutaric à André Périllou.

1756. Jean-Louis Hugonin, sieur de Labarthe, avocat au Parlement, est pris pour arbitre

dans un procès intenté par dame Marie Joulié et
Alexandre de Buscansole, sieur de Coupiac, à
Anne Bonnet, demeurant au moulin de Fraisse.

1758. 29 avril. Louis Hugonin, sieur de
Labarthe, maire et premier consul, baille à
ferme les droits de poids et place d'Anglès.

1758. 30 juillet. César Hugonin, seigneur
d'Escambous, demeurant à Boutaric, baille à
ferme le moulin dit d'Hugonin.

1759. 10 janvier. Alexandre Hugonin, sieur
de la Bonnefon, habitant au Clot, terre Despe-
rausses, présentement malade, rédige son testament.

1760. 6 février. Noble Hilaire de Mascarenc,
de Raissac, baille à ferme au sieur Jean Hugonin et à César Lascarenc, ses quatre métairies
de Raissac, Les Jouglas, Limouzy et les Cal-
mettes.

1760. 29 juin. Pierre Hugonin, sieur de Cabi-
rac et neuf autres notables, certifient que Messire Jean-Louis Hugonin, seigneur de Labarthe, ancien procureur du Roi en la Maîtrise des
Eaux et Forêts de Saint-Amans, est décédé *ab
intestat* et n'a laissé qu'un fils.

En 1686 le domaine du Pont se composait :

D'une métairie dite du « Pont » et de « Laboual »,
comprenant : Trois maisons et une écurie, le tout couvert d'ardoise ; deux fours, trois fenils et un gerbier,
couverts de genêt ; deux maisons d'habitation ; un
moulin à blé avec sa meule, couvert d'ardoise. A
côté, le barrage du moulin sur le ruisseau venant de

la rivière de l'Arn. Une porcherie couverte de planches, attenant au moulin. Au-dessous de ce dernier se trouve une scie (couverte de genêt) et son petit ruisseau, venant du barrage dudit moulin. Jardins, prés, champs, hermes et herbiers.

Cette propriété est traversée par la rivière de l'Arn, le chemin d'Anglès à Saint-Pons et à Prouilhe et de Lacaune à Labastide.

L'ensemble confronte du sud-est la Métairie de Navines (passage entre deux), chemin de la Miellouane à Navines et vacants ; du sud le bois de Lapoularié ; du nord-ouest ledit bois, vacants et chemin de Lacaune à Labastide ; du nord Guilhaume de Seguin, les terres de la Miellouane et chemin de la Miellouane à Navines.

Nous sommes mieux renseignés sur Gransaigne.

Le domaine, qui, en 1686, appartenait aux Brugairoux de Crouzet, fut acquis, peu après, par Tabariès, marchand de toile à Perpignan, munitionnaire de l'armée de Catalogne ; ce dernier joignit à Gransaigne les métairies de Navines, Cousines, Vaisse-Plégade, le Pont, une partie de la Miellouane, et constitua un domaine encore plus étendu que le domaine actuel. On a cru lire le nom de Gransaigne dans la Charte par laquelle le Comte Pons assurait ses donations à l'Abbaye de Saint-Pons, en 936, cette opinion a été récemment controuvée.

Les Brugairoux ont occupé des charges importantes dans cette ville. Nous lisons aux

Archives du monastère, publiées par M. Sahuc :

En 1576 Jacques de Brugairoux fait profession, en qualité de religieux de Saint Benoît, dans l'Abbaye de Saint-Pons.

En 1604, un Brugairoux est nommé premier consul.

En 1665, Pierre Auguste de Brugairoux, au nom du Chapitre, consent, à des menuisiers de Carcassonne et d'Azillanes, l'exécution « en prix fait » des stalles de la cathédrale.

En 1668. Nous lisons le nom d'un Brugairoux sur la liste des chanoines.

Enfin, la chapelle de Sainte-Thérèse, primitivement dédiée à Saint-Antoine ermite, appartenait aux Brugairoux qui y avaient leur tombeau,

Lorsque les Tabariès s'installèrent à Gransaigne, ils recherchèrent le même honneur : vers 1720, la chapelle fondée en 1552, par Jean Jacques de Fleyres, évêque de Saint-Pons, en l'honneur de Saint-Benoît, passa à cette famille sous le vocable de Saint-Jean, et abrita leur sépulture.

En 1746, Jacques Tabariès fait partie du Chapitre et y occupe la charge de syndic.

Le 7 janvier 1790, Pierre-Jean-André Tabariès est élevé au rang d'aumônier du Chapitre. Il se fait installer le 17 mars suivant, malgré les tentatives de Jean-Jacques-Honoré Roques, avocat au Parlement, qui lui dispute ce titre.

La Révolution mit d'accord les deux parties (1).

Le compoix du Soulié définit Gransaigne « une maison imparfaite ». Sans doute les constructions étaient inachevées en 1686, et privées encore, de l'appareil guerrier qui a été heureusement conservé. Cet appareil, donne suffisamment l'idée de ce qu'avaient été « les maisons fortes », prises et reprises, pendant les troubles, et dont certaines furent démantelées lors de la pacification.

Notre compoix énonce comme il suit la composition de Gransaigne avant l'arrivée des Tabariès.

A noble Henri de Brugueyrous, seigneur du Crouzet :

1° Une maison imparfaite dite « Château de Gransaigne » et écurie, le tout couvert d'ardoise, avec basse-cour et jardin attenant.

2° Une maison avec four et porcherie, couverts d'ardoise au même lieu dit.

3° Trois bergeries couvertes de genêt, même lieu dit.

Ces trois immeubles confrontant le sieur du Crouset et des pâtures ;

4° Une propriété comprenant jardins, prés, champs, bois, hermes et herbiers, confrontant du sud et du sud-est des vacants, du nord-ouest le chemin de La Salvetat à Labastide, passage entre deux et du nord un autre passage.

---

1. Sahuc. *Saint-Pons de Thomières*. Passim.

5° Une métairie dite « Navines Haute », comprenant une maison couverte d'ardoise et fournil couvert de genêt. Jardins, prés, champs, hermes et herbiers. Le chemin d'Anglès à Saint-Pons traversant lesdites terres.

Le tout confronte du sud-est le chemin de La Salvetat à la Labastide et des vacants, du sud lesdits vacants, chemin de Saint-Martin de Cousses entre deux, du nord et du nord-ouest lui-même et pâtures dudit mas.

6° Une métairie dite « Nabines Basse », comprenant une maison, four et fournil couverts d'ardoise, deux fenils couverts de genêt. Jardins, prés, champs, hermes et herbiers.

Le chemin d'Anglès à Saint Pons traversant lesdites terres. Le tout confronte du sud-est lui-même, du Midi le chemin de saint Martin de Cousses au Pont, du Nord-Ouest un passage et vacants, du nord, les dits vacants et lui-même.

Dans ces demeures, nobles et solitaires, auxquelles aurait si bien convenu le mot de Nietzsche : « A neuf cents pieds au dessus du niveau de la mer, et bien plus haut encore au dessus de toutes les choses humaines », l'on vivait heureux. Les désirs étaient mesurés, les goûts et les aspirations aussi simples que saines.

Nous avons trouvé un exemple de ces dernières dans les minutes de Maître Fabre, notaire à Anglès ; il donne une idée de la façon dont au XVIIe siècle, on comprenait le luxe sur le Sommail :

Le 19 juillet 1690, demoiselle Isabeau d'Alquier, fille du seigneur de Guilhet et de Dame Suzanne de Lantart, s'était fiancée à Pierre Guiraud de la Salvetat, auquel furent remis les biens dotaux et les présents de noce.

Ceux-ci se composaient de :

Deux robes de popeline de soye, l'une noire et l'autre burelle, faites et garnies.

Deux chapeaux my-soye.

Six cotillons neufs de camelot ou burats.

Une couverte de laine.

Deux rideaux de lit en toile blanche avec franges.

Un matelas et coussin de plume.

Quatorze draps de lit.

Trois douzaines de serviettes.

Quatre nappes.

Deux bagues d'or.

Deux coffres, l'un en noyer, l'autre en bois de hêtre, bordés de chêne, tout ferrés et fermés à clef.

Neuf chaises de paille.

Deux tabourets de chêne.

Une romaine de fer, un poellon et un pot de fer (1).

---

1. *Minutes* de M. Fabre, notaire à Anglès.

Les Minutes de Maître Guiraud d'Anglès nous ont également livré la composition de la *corbeille* d'une autre fiancée :

Le 26 janvier 1760, au masage du Verdier, paroisse de Saint-Aignan de Brassac, Marie Hortala, fille de Jean Hortala et de Marie Ferran, recevait en dot :

La somme de trente livres.

Deux draps de lit.

Un curadou (passoire pour le lait des brebis).

Quatre serviettes.

Deux brebis.

Une housse de coussin « tissée en trélis ».

Un coffre de bois de chêne fermant à clef.

Trois robes, le tout estimé 15 livres (1).

Si les châteaux du Sommail ont leur histoire, ils ont aussi leurs légendes :

Parfois, dit-on, par les nuits sans lune, l'on voit passer, au travers des fourrés de Malbosc, un cheval blanc monté par une ombre indécise. C'est le fantôme maudit « *du curé qui n'a pas dit ses messes* ». Comme le Juif errant, mais plus heureux que lui puisqu'il est à cheval, il hantera, jusqu'à la fin du monde, ces bois char-

---

1. *Minutes* de Maître Louis César Guiraud, notaire à Anglès.

mants, qu'il pare de l'attrait qui s'attache à tous
les récits merveilleux.

Une autre légende, celle-ci plus gracieuse, est
attachée à l'église du Soulié (1) ; nous la tenons
de Pierril, le garde d'Espine, qui la raconte
souvent à la veillée.

Il y eut jadis un temps où les habitants du
Soulié n'avaient pas d'église. Ils n'avaient pour
entendre la messe, que la chapelle de St-Martin
de Cousses et ils n'y allaient guère car elle était
fort éloignée. Un soir la Sainte Vierge apparut
à l'un d'eux : « Il faut bâtir une église au Soulié, dit Notre Dame, et pour vous y aider, je
porterai avec vous les pierres, que nous irons
prendre sur le sommet de Peyremeau ». La
population informée du prodige, décida de se
réunir à la Miellouane et de partir en corps à la
recherche des matériaux miraculeux. Mais les
premiers arrivés au rendez-vous s'attablèrent à
manger et à boire et finirent la lippée par des
querelles, des jurons et des coups. Pendant ce
temps, Notre-Dame chargée de trois grosses
pierres s'avançait vers la côte d'Espine ; elle en
portait une sous chacun de ses bras et la troisième sur sa tête, posée sur ses cheveux blonds.
Elle allait vers la croix du Bessou, lorsqu'elle
entendit les disputes, les blasphêmes et les cris

---

1. Le vrai nom du Soulié est le *Solié* (pays du Soleil).
La première page du Compois de 1686 porte pour armoi-
ries un soleil sur fond d'azur. Il est fâcheux que ce joli
nom ait été altéré à travers les siècles.

qui montaient de la Miellouane et son cœur en fut percé. Alors, triste et lasse d'attendre, elle laissa tomber au bord du chemin les trois grosses pierres et remonta au ciel. Elles y sont encore et les savants les nomment *le dolmen*.

Comme au Moyen-Age, qu'il serait à propos que Notre-Dame, fasse un miracle pour l'église du Soulié !... (1).

---

1. M. Charles Gros a inséré cette Légende dans son ouvrage : *Le Plateau du Sommail*.

CHAPITRE V

A famille que nous avons vue au XVIIe siècle établir sa demeure au haut du Sommail, comme l'aigle place son nid sur la saillie de la montagne, appartenait à cette noblesse authentique et ancienne, dont l'honneur sans tâche, la fidélité à la foi catholique, le dévouement à la monarchie, formaient les traditions.

L'on sait de quel ciment était faite la solidité de ces vieilles Maisons françaises : patriotisme ardent, attachement au sol natal, amour de la famille ; ces vertus forment l'encadrement fleuri de leur histoire, elles en sont la substance intime, elles en composent la trame et leur donnent leur valeur d'enseignement.

L'on s'incline avec respect devant ces figures du passé, qui, mêlées de diverses façons aux évènements qui se sont déroulés dans notre région, ont noblement maintenu leur rôle, et qui, lorsque leur participation dans les affaires de l'État fut terminée, n'en demeurèrent pas moins agissantes et, en quelque sorte, l'armature historique du pays.

Ce sentiment se double d'admiration et de sympathie lorsque, comme dans la famille qui fut si étroitement liée au domaine d'Espine, les plus rares vertus chrétiennes, les sentiments élevés, la culture distinguée, privilèges du vieux temps, qui nous laisse le mélancolique regret de son charme, se sont conservés jusques à nos jours intacts, et que leurs traditions, invinciblement maintenues s'imposent, dès que l'on franchit leur seuil.

Le premier des Boulade de Citou mentionné dans les registres paroissiaux d'Anglès est noble Paul de Citou, seigneur d'Espine, inscrit sans autre mention en 1656 (1). Les armes de la famille étaient d'azur à une face d'or accompagnée de trois molettes d'or, deux en chef et une en pointe. Après noble Paul de Citou nous trouvons noble Jacques de Citou, seigneur d'Espine. Un document extrait des Minutes de Louis César Guiraud, notaire à Anglès atteste sa présence dans le domaine en septembre

____

1. *Notes* communiquées par M. l'abbé Gautrand, curé de Labastide.

1689 (1). C'est lui, qui en 1667, avait reçu les commissaires royaux, chargés de la visite et de l'arpentage de la forêt d'Espine.

Après lui, nous lisons le nom de noble François de Citou d'Espine, époux d'Isabeau de Brandouy du Pujet. Il meurt, vers l'année 1691, et laisse dix enfants. Un acte passé à Espine le 21 juillet 1691, en présence de Maître Fabre, notaire à Anglès, assisté comme témoins d'Antoine Hérail du lieu de Martrin, en Rouergue, et de Michel Taillade du Moulin de Bourcabala, nous apprend que Dame Isabeau de Brandouy, veuve de François de Citou d'Espine, déclare « être contente » de noble Jacques de Citou, seigneur d'Espine, son fils, pour les pensions annuelles qu'il est chargé de payer à Anne, Claire, Thérèse, Philippe, Françoise, Rose, Catherine, Marianne et Hippolyte ses frères et sœurs (2).

Vers cette époque, le 5 novembre 1695, on lit la signature de Dame Suzanne de Boulade, sur le contrat de mariage de François de Bellesme, cornette au Régiment de Vendeuil et de demoiselle Olympe de Maurel (3).

L'année suivante et le 2 avril, Dame Marie de

---

1. 1689. 9 septembre. Noble Jacques de Citou, seigneur d'Espine, habitant en son château d'Espine, confesse avoir reçu une certaine somme de Jean et Pierre Rouanet, frères, habitants de Mourgadou. *Minutes* de Louis César Guiraud, notaire à Anglès.

2. *Minutes* de Maître Fabre, notaire à Anglès.

3. *Minutes* de Maître Guiraud, notaire à Anglès.

Citou, veuve de M. le chevalier de Saint-Martin, hérite, en vertu du testament de son époux, du domaine de Caraman et en paye les droits en livres, deniers, mailles et pites (1), et le 8 décembre, Pierre de Boulade, seigneur de Peyramen, assiste, en qualité de témoin, à une transaction passée au château de Monségou, terre d'Anglès, entre noble Louis de Bayard et noble Pierre d'Huc de Monségou (2).

Vers la fin du XVIIe siècle, Jacques de Citou d'Espine épouse Marie de Villeneuve Navès (3). Il hérite du domaine d'Espine et de celui de Ginestous qui comprend, d'après le compoix du Soulié : une maison couverte d'ardoise avec jardin, un second jardin dit *dal Tranes*, une bergerie, un gerbier et un certain nombre de champs (4). Dans les registres d'Anglès nous trouvons trace d'un procès intenté par lui à un certain Jean Rouaire, cardeur de laine, « au sujet d'une gazaille de cinquante bêtes à laine » que ce dernier lui avait prise en bail (5). Jacques

---

1. *Compoix du Soulié*. Année 1686. — La livre valait vingt sous, le denier la douzième partie d'un sou, la pite la moitié d'une obole et le quart d'un denier, la maille valait la moitié du denier tournois et se divisait en deux pites.

2. *Minutes* de Maître Guiraud, notaire à Anglès.

3. *Notes* de Labastide.

4. *Compoix* du Soulié. Année 1686.

5. *Archives* d'Anglès. Minutes de Maître Fabre, notaire.

de Citou meurt en 1729 et est inhumé dans l'église des Jacobins de Castres (1).

Son fils, Alexandre Joseph de Boulade de Citou, lui succède à Espine. Il épouse le 4 février 1716, dans l'église d'Anglès, Françoise d'Aussillon de Sauveterre (2). Il meurt à Saint Pons, âgé environ de cinquante trois ans, le 10 janvier 1737 et y est enseveli le lendemain, « comme étant décédé dans la communion de l'Eglise » (3).

Pierre de Boulade, sans doute fils du précédent, meurt en 1759 à l'âge de trente-six ans et laisse de Claire de Valade son épouse, six enfants : Marianne, Bertrand-Guillaume, François, Léonard, Jean-Pierre et Pierre-Gabriel. Ce dernier, l'aîné et l'héritier universel, reçut de sa mère l'héritage paternel en présence de Maître Bertrand, notaire de Castres, le 12 septembre 1759 (4). La même année et le 4 octobre, il entrait en possession du domaine d'Espine

---

1. *Notes* de Labastide.

2. *Registre* (1688-1720) de la paroisse d'Anglès. — Ce mariage explique un procès suivi de transaction, qui eut lieu en 1781 entre les habitants d'Anglès et le marquis de Sauveterre au sujet de la Forêt d'Espine et des vacants qui l'environnent. Les pièces de ce procès, cotées E. 867. (F. F. 1) nous ont été signalées comme étant conservées à la mairie d'Anglès ; les recherches récentes pour les retrouver ont été infructueuses.

3. *Registres* paroissiaux de Saint Pons de Thomières.

4. *Notes* de Labastide.

par contrat dressé par Maître Azaïs, notaire de Castres (1). Pierre-Gabriel occupa de hautes charges : conseiller du Roi et avocat au Parlement ; il fut reçu le 2 janvier 1760, par la Chambre des Requêtes de Toulouse, Maître particulier des Eaux et forêts en la Maîtrise de Saint-Pons, office dont il était pourvu depuis le 21 décembre 1759 (2).

Quelques détails nous sont en outre parvenus : Le 8 octobre 1777, il loue à M. Escorbiac, curé de Prades, une maison située dans la rue Basse à Saint-Pons, au prix annuel de cent cinquante livres (3). Le 11 décembre 1779, il achète « *pour son ami élu ou à élire* » la métairie de Vergouniac, canton du Soulié (4).

Enfin, le 12 août 1785, « considérant la certitude de la mort et l'incertitude de son heure », il déposa, en l'étude de Maître Alauze, notaire à Saint-Pons, son testament mystique. Une des clauses exprimait la volonté d'être inhumé dans la chapelle d'Espine. Il instituait sa fille Marie, pour une de ses héritières particulières, et Joseph Gabriel, son fils aîné pour son héritier universel. Il avait épousé Ursule de Raynaud de Passeplane de la famille des Raynaud de Pradels.

---

1. *Archives* d'Anglès. Compoix de 1680. Mutations.

2. *Notes* de Labastide.

3. *Ibid.*

4. *Ibid.*

Cette Maison originaire de la Généralité de
Montpellier et maintenue dans sa noblesse par
arrêt de la Cour des Comptes, Aydes et Finances du 24 mars 1744, était une des plus considérables de la région. Elle portait : d'or à l'ai-
gle éployée de sable, au chef d'azur chargé de
trois molettes d'argent et avait pour devise :
Domine probasti me. Elle sortait des Pradels,
commune de Lacabarède et avait pour auteur
Charles de Raynaud, seigneur de Lagarrigue,
capitaine de trente lances qui mourut, ou du
moins testa, le 9 juillet 1555. Elle a donné aux
armées royales des colonels et des capitaines et
l'on compte dans sa descendance plusieurs chevaliers de Saint-Louis (1)

La mort de Pierre Gabriel d'Espine dût arriver peu après la rédaction de ses dernières
volontés, c'est du moins ce qui semble résul-
ter de la suite des évènements. Mais à partir de
ce moment, ce n'est plus aux pièces d'Archives
que nous aurons recours pour l'histoire des
seigneurs d'Espine : c'est le délicat historiogra-
phe, Mademoiselle Coraly de Gaïx, petite-fille
de Pierre Gabriel et d'Ursule de Raynaud, qui,
un demi-siècle plus tard, en évoquant les souvenirs de sa famille avec un talent qui la place
à côté des meilleures épistolières françaises,
nous renseignera sur cette période qui précéda

---

1. L. de la Roque. *Armorial de la Noblesse de Languedoc.* Généralité de Montpellier. T. II, p. 129.

au château d'Espine les drames de la Révolution (1).

Mademoiselle de Gaïx nous peint d'abord sa grand-mère enveloppée de ses voiles de veuve, entourée de ses deux enfants, Léonard et Ursule (2) et aussi admirable dans la pratique des vertus privées qu'elle sera héroïque en face de la persécution. « Douée dit-elle, d'un cœur très tendre, elle avait essuyé et senti plus vivement qu'une autre les chagrins inséparables de notre existence. La mort de son mari la laissa veuve fort jeune avec deux belles terres et deux enfants. S'oubliant elle-même, sa belle âme sentait bien plus encore le malheur de sa famille. Si elle a jamais connu le bonheur c'est celui qu'elle a fait goûter aux autres (3). Quand venait le soir, continue Mademoiselle de Gaïx, prenant de chaque main ses deux beaux enfants, elle se dirigeait vers la petite chapelle au bout de la cour. Les pauvres orphelins, à genoux, les mains jointes devant un crucifix, disaient au

---

1. *Une amie inconnue d'Eugénie de Guérin. Coraly de Gay. Correspondance et Œuvres*, publiées avec notes et portrait par le Baron de Blay de Gaix. Introduction par Armand Praviel. Lettre-préface de Jules Lemaître. Paris Champion. 1912.

2. Joseph Gabriel Léonard né à Saint Pons et baptisé le 7 novembre 1778, mort à Saint Pons vers 1845. — Ursule née en 1781, morte en 1830.

3. Coraly de Gaïx. *Correspondance et œuvres*. P. 7.

Bon Dieu une prière pour leur père, puis s'en retournaient jouer » (1).

Le crucifix de la chapelle d'Espine était un de ces trésors de famille que se passent avec vénération les générations successives. « Plus de pleurs avaient été répandus à ses pieds, dit Coraly, plus de soupirs s'étaient échappés en sa présence que les feuilles du vieux lierre qui tapissait le petit sanctuaire » (2). Témoin d'évènements touchants et tragiques, transmis de pères en fils, il orne de nos jours, chez les petits fils de Madame d'Espine, la chapelle du château de Gaïx.

Deux prêtres venaient souvent animer cette solitude : l'abbé Guillaume Bertrand de Boulade, beau-frère de la châtelaine, et l'abbé Charles Joseph de Raynaud, son oncle (3), alors âgé de près de quatre-vingts ans (4).

L'abbé de Boulade qu'attendait l'auréole des confesseurs de la Foi, était entré tout jeune dans la Compagnie de Jésus (5). Après l'expulsion des Jésuites de France, en 1763, il avait regagné son diocèse, pris place dans le clergé séculier du Tarn, et avait fait partie, en qualité

---

1. Coraly de Gaïx. *Correspondance et œuvres*. P. 240.

2. *Ibid*. P. 240.

3. *Notes* de M. Gabriel Gros.

4. On lit sur le registre paroissial de Saint Pons : 1791. Sépulture de Charles Joseph de Raynaud de Linières de Pesseplane, ex Jésuite. 82 ans.

5. Coraly de Gaïx *Cor. et œuvres*. P. 241.

de chanoine-sous-diacre, du Chapitre de Lautrec (1). D'après l'historien Pujol, il n'avait point reçu la prêtrise (2).

« C'était, dit Coraly, un jeune homme à l'âme ardente, au courage héroïque, à l'imagination de feu ; se trouvant à l'étroit dans l'univers, il avait placé ailleurs ses désirs et ses espérances... Il retourna dans son manoir se consoler au pied du crucifix de n'avoir pu aller au bout du monde gagner des âmes à son maître et mourir pour lui ». Sa petite nièce le dépeint faisant passer sa résignation et sa sérénité dans l'âme de Madame d'Espine, instruisant la petite Ursule et son frère et prenant les deux enfants sur ses genoux pour leur raconter des histoires merveilleuses, dont la conclusion invariable était « que le bonheur est dans l'amour de Dieu » (3).

C'est dans cette paix mélancolique, que les solitaires d'Espine entendirent les premiers grondements de la tempête révolutionnaire. Comme des oiseaux serrés sur la même branche à l'approche de l'orage, ils virent venir à l'horizon assombri, la tourmente, qui de l'est à l'ouest, de Saint-Pons à Castres, n'allait pas tarder à battre le pied du Sommail.

---

1. *Les martyrs et les confesseurs de la Foi de la Chartreuse de Saïx.* P. 53.

2. Pujol, avocat. *Histoire religieuse de Castres pendant la Révolution.*

3. Coraly de Gaïx. *Corresp. et œuvres.* P. 241.

CHAPITRE VI

ORSQUE s'affirmèrent les signes redou-
tables de la Révolution, Madame
d'Espine, quittant son manoir du
Sommail, se retira dans sa maison
de Saint-Pons, rue Basse, avec ses deux enfants
et l'abbé Bertrand Guillaume de Boulade son
beau-frère. Celui-ci allait être une des premières
victimes de la loi du 20 mai 1792 sur le serment
à la Constitution civile du clergé (1).

L'Eglise de France, de l'ouverture des Etats
généraux à la séparation de la Constituante,
avait été frappée dans ses immunités et dans
ses biens, amoindrie dans ses ordres religieux
et scindée en deux par la constitution civile ;

---

1. La présence de Madame d'Espine à Saint-Pons,
pendant la Révolution est attestée par les *Procès-verbaux*
des visites domiciliaires du 29 ventose et du 2 germinal
an II. — *Archives* de l'Hérault. Liste des détenus. Q.
II/B. 2.

sous la Législative, le prêtre réfractaire était descendu du rang de citoyen à celui de suspect que l'autorité pouvait, selon son caprice, emprisonner en France ou déporter loin de sa patrie ; avec la Convention s'ouvrit l'ère sanglante et sublime des exils, des massacres, des révoltes héroïques et des intrépides immolations.

Dans le diocèse de Saint-Pons dont faisaient partie Anglès et Espine, la persécution contre les prêtres fidèles fut d'autant plus violente qu'une partie notable de son clergé avait été défaillante. Cette conduite s'expliquait par le départ de l'évêque, Monseigneur de Bruyères de Chalabre, émigré de la première heure ; par les doctrines Jansénistes enseignées dans le séminaire depuis l'épiscopat de Monseigneur de Montgaillard (1663-1713), et par l'influence du curé de la paroisse de Saint-Martin du Jaur, Dominique Poudérous, né à Villeneuve-les-Béziers en 1721. Il s'agit du futur évêque schismatique de l'Hérault que les Biterrois, en deuil de leur saint évêque, Monseigneur de Nicolaï, reçurent au chant du refrain célèbre :

> *Aï Poudérous, Poudérous,*
> *Aben un abesque n'en boulen pas dous.*

et dont les tournées épiscopales, disent les chroniques, se faisaient à coups de nerfs de bœuf (1).

---

1. Chanoine Saurel. *Histoire religieuse du départ. de*

Le chapitre de la Cathédrale s'était réuni pour la dernière fois le 8 février 1791 ; le 20 février suivant, Poudérous qui avait déjà prêté le premier serment constitutionnel, annonçait dans la chaire de son église son intention de le renouveler. Ce triste exemple fut suivi : on lit sur les listes des prêtres assermentés et non assermentés de l'Hérault, conservées aux Archives départementales, que 41 curés et vicaires du district de Saint-Pons prêtèrent le serment et que 32 curés et vicaires, 18 chanoines et 12 religieux seulement le repoussèrent (1).

L'abbé de Boulade s'était refusé à adhérer à la Constitution. Cette noble attitude, allait dénoncer comme suspecte, la femme courageuse qui l'avait si souvent accueilli sous son toit : Madame d'Espine, accusée de recel de prêtre non assermenté, détenue d'abord dans sa demeure, eut à subir les visites domiciliaires des commissaires municipaux, les procès-verbaux de séquestre sur les biens des ecclésiastiques de la commune et l'inventaire de ses propres biens.

Voici les deux procès-verbaux de ces visites, retrouvés aux Archives de l'Hérault par la bienveillance inlassable de leur éminent archiviste :

---

l'Hérault pendant la Révolution. T. III. Paris, Champion. 1894.

1. *Liste générale des émigrés déportés et reclus du départ. de l'Hérault.* Montpellier. — Picot. n° 200.

« L'an II de la République Française et le
29 ventôse, moi, Jean-Baptiste Constans commissaire nommé par la délibération de la Municipalité du jour d'hier à l'effet de mettre le
séquestre sur les biens meubles et immeubles
appartenant aux ecclésiastiques de la commune
qui se trouvent dans le cas de réclusion et moi
Jean Nègre officier municipal aussi nommé
commissaire pour le même effet..... nous dits
commissaires sommes allés dans la maison
d'habitation de la citoyenne Boulade à laquelle
nous avons fait part de notre commission et
requête et de nous indiquer les meubles et
effets dont Bertrand Boulade jouissait ; elle nous
a déclaré que ledit Boulade son beau-frère
n'avait absolument aucun meuble chez elle,
que lorsqu'il venait la voir il ne demeurait que
fort peu de temps et que les meubles qui ser-
vaient à son usage pendant ses visites appartiennent à la citoyenne Boulade et à ses enfants.
Et a signé avec nous

Raynaud BOULADE, — CONSTANS, — NÈGRE. »

La deuxième visite domiciliaire eut lieu le
2 germinal suivant. Il appert du procès-verbal,
qu'entre les deux perquisitions, Madame d'Espine avait été détenue et gardée dans sa demeure sous la surveillance d'officiers municipaux.

« Le 2 germinal..... sommes allés dans le
domicile de la citoyenne Raynaud veuve Boulade que nous avons trouvée détenue dans sa

chambre et luy avons fait part de notre commission. Elle nous a déclaré que tous les meubles et effets qui sont dans la maison qu'elle habite (à Saint-Pons) appartiennent à ses enfants du chef de feu leur père, que pour ce qui la regarde elle n'a que son linge de corps et quelques habits à son usage. L'ayant requise de nous ouvrir sa garde robe elle nous y a conduits et l'ayant ouverte y avons trouvé douze chemises toile blanchie, cinq jupons bazin ou cautonine, trois casaquins blancs toile de coton ou mousseline, deux robes noires en soie, six mouchoirs de poche, huit paires bas coton ou fil, deux fichus mousseline blancs, six coiffes de nuit.

Et n'ayant rien trouvé à inventorier la citoyenne veuve Boulade a demandé que le dit linge et robes dont elle a un absolu besoin lui fussent laissés pour son usage habituel. Nous commissaires n'avons pas cru devoir mettre ces effets en sequestre et ayant égard à la demande de la citoyenne veuve Boulade y avons laissé le tout pour son usage sous sa responsabilité et signé avec nous

Raynaud Boulade, — Nègre, — Benoit (1). »

Les enfants de Madame d'Espine ne partagèrent pas, sans doute, le sort de leur mère. Cependant Léonard, inculpé d'avoir crié vive le Roi, peut-être au cours des perquisitions de la rue Basse, fut incarcéré, mais libéré, eu égard à

---

1. Archives de l'Hérault. *Listes des détenus.* Q. II/B.

son jeune âge, après une journée de détention (1).

Pendant ces évènements, l'abbé de Boulade montait les degrés du calvaire où l'attendait le suprême sacrifice.

Le décret de la Législative du 27 mai 1792, avait ordonné que tous les prêtres insermentés seraient déportés hors du royaume à la seule condition d'être dénoncés par vingt citoyens. Cette loi fut publiée durant l'automne suivant et dès le mois de septembre l'exode commença.

Devançant l'exécution de la loi, le Directoire du Tarn, dès le 23 mai 1792, faisait sortir du département tous les prêtres non assermentés, qui n'en étaient pas originaires, et internait à la Chartreuse de Saïx, située sur la rive droite de l'Agout, à sept kilomètres de Castres (2), ceux qui étaient nés dans le pays (3).

Bertrand Guillaume se dirigea donc avec ses frères d'infortune vers le monastère transformé

---

1. *Notes* de M. l'abbé Gautrand, curé de Labastide.

2. *La Chartreuse de Saïx*, fondée en 1359 par Raymond Saïsse, bourgeois de Castres, et Centulie de Brettes, sa femme, fut pillée et incendiée à la Réforme. Reconstruite en 1629, elle fut transformée en 1792 en lieu de détention pour les prêtres assermentés. Mise en vente en 1797 elle fut démolie par l'acquéreur. L'héritier de ce dernier la céda en 1877 à la Compagnie de Jésus qui dut l'abandonner après les lois d'expulsion de 1901.

3. *Les martyrs et les confesseurs de la Foi de la Chartreuse de Saïx*. P. 10.

en prison. Sur la liste générale des prêtres déportés et reclus de l'Hérault, il est inscrit sous le numéro 212 (1).

Dès le début les prisonniers jouirent d'une sorte de tolérance, mais ils furent bientôt soumis aux plus cruelles épreuves : privation de l'exercice du culte, mauvais traitements, manque de nourriture, refus de remèdes aux infirmes. La maladie ne tarda pas à décimer ces vieillards privés de soins.

Le Directoire du Tarn trouva alors le nombre des prisonniers entassés à la Chartreuse trop considérable, et le 6 ventôse an III (20 février 1794), la municipalité de Castres ordonna le transfert dans cette ville des prêtres âgés de moins de soixante ans afin de les y répartir dans les prisons. Bertrand Guillaume n'avait que quarante neuf ans ; il fut amené à Castres avec ses compagnons d'infortune et les portes de la prison de la Trinité se refermèrent sur eux. Trois jours plus tard, le Directoire en condamnait vingt-sept à la déportation.

Tous furent dirigés vers Bordeaux sous l'escorte de vingt-cinq gardes municipaux et d'une brigade de gendarmerie ; la route devait se faire à pied, deux charrettes suivaient portant les bagages.

---

1. *Second supplément aux listes des émigrés, déportés ou reclus du dép. de l'Hérault.* Montpellier Imp. révol. chez Marat Bonnaric et Caton Avignon. An second de la fondation de la République.

Soixante-dix lieues les séparaient du but du voyage : le froid, les blessures, les sarcasmes et les mauvais traitements firent de ce parcours un véritable martyre, subi avec une résignation et une patience qui touchèrent souvent les bourreaux. Les proscrits arrivèrent à Bordeaux épuisés ; ils furent aussitôt internés au Fort du Hâ.

Peu après leur entrée, trois d'entre-eux, dont l'abbé de Boulade, tombèrent gravement malades. Ils furent transportés à l'hôpital St-André, le 28 thermidor, an III (15 août 1794) ; Bertrand Guillame y succomba victime de sa fidélité à sa foi le 30 vendémiaire, an III (21 octobre 1794).

L'acte de décès fut rédigé en ces termes à l'État-civil de Bordeaux :

« Sont morts hier, à l'hôpital André, les ci-après nommés.... Guillaume Boulade âgé de 48 ans, prêtre, natif du département du Tarn, sujet à la déportation et sortant du Fort du Hà, où il était en détention. A Bordeaux, le premier brumaire de l'an III républicain » (1).

A la suite de ce récit emprunté au remarquable ouvrage : *Les Martyrs et les confesseurs de la Foi de la Chartreuse de Saïx*, Monsieur l'abbé Gautrand ajoute : Le jour approche où nos héroïques reclus, morts pour la Foi seront entourés de l'auréole du martyre. L'évêché de la

---

1. N° 245. *Etat-civil de Bordeaux.*

Rochelle qui s'occupe en ce moment de l'introduction en cour de Rome de la cause de béatification d'un groupe considérable de leurs compagnons de souffrance, ne tardera pas, croyons-nous, à prendre en main celle de nos vénérés compatriotes. Cabanel, Vialar, Boulade cités par l'avocat Pujol et l'abbé Guy, leurs contemporains, pour leurs mérites et leurs vertus, fixeront avec tant d'autres son attention et seront reconnus dignes d'être élevés sur les autels (1).

Après l'accalmie qui succéda à Thermidor, Madame d'Espine reprit le chemin du manoir de la Montagne (2) ; elle y trouva les traces laissées par la Révolution. « Hélas, dit Mademoiselle de Gaïx dans ses *Souvenirs*, le château solitaire comme le palais des Rois avait été battu par la tempête ; les tours étaient abattues, la chapelle détruite, le joli lierre avait péri avec les murs croulants » (3).

La châtelaine rentrait à Espine pour y prendre sa part dans le pieux mouvement, qui sous

---

1. *Les Martyrs et les confesseurs de la Foi de la Chartreuse de Saïx*, p. 53.

2. Coraly de Gaïx. *Correspondance et Œuvres*. P. 243.

3. *Ibid*. C'est alors que les toitures des tours détruites furent rétablies à la suite du toit principal.

la poussée des nouvelles lois persécutrices édic-
tées par le Directoire, allait soulever la contrée.

Avec l'automne de 1792, l'exode du clergé
fidèle s'était achevée ; la majorité des insermentés avait émigré en Belgique, en Westphalie, en
Piémont, dans les Etats de l'Eglise. Les prêtres
du Languedoc s'étaient naturellement tournés
vers l'Espagne, mais tous ne s'y fixaient pas.
Préférant les périls de la Patrie à la sécurité de
l'exil, ils rentraient en France, confiants en leur
vaillance et en Dieu. Là, ils apprennent bien
vite la ruse qui évite le danger ou le sang froid
qui en triomphe ; errants et traqués, vêtus de
vêtements grossiers, le visage hâlé, les mains
durcies, ils changent chaque jour d'asile, cou-
chent sur la pierre ou au fond des bois. Mais la
nuit, au milieu du silence, dans les fermes et les
châteaux isolés, les cierges s'allument sur des
tables rustiques, et sur ces autels improvisés,
ils font descendre, Dieu proscrit comme
eux (1).

Entre tous les lieux, qui offrirent aux persécutés les retraites les plus sûres et l'aide des
plus héroïques dévouements, la forêt d'Anglès
est célèbre (2). Les habitants y étaient pieux et
bons, les taillis épais, les vallées sinueuses
assuraient des abris, déconcertaient les poursui-

---

1. P. de la Gorce. *Histoire religieuse de la Révolution
Française*. T. II.

2. Conf. : *Les Martyrs et les confesseurs de la Chartreuse de Saïx*, p. 64 e.

tes, et, lorsque le Ministre de la Police générale écrivit aux Commissaires du Pouvoir exécutif de l'Hérault : « Que dans le canton d'Anglès des prêtres déportés ou émigrés se dérobent aux lois », le Juge de Paix d'Anglès ne put que répondre : « Il est vrai que des prêtres, sujets à la déportation, célèbrent journellement des messes dans la commune, mais leur parti est le plus fort » (1).

Trente-trois prêtres de la région (2), — et

---

1. Saurel. *Hist. rel. du dép. de l'Hérault pendant la Révolution*. T. III, p. 258.

2. Voici les noms des réfugiés du Sommail : Jérôme Bertrand, archiprêtre de Saint-Baudile et Bousquet, son vicaire, Joseph Barthès, curé de Vintrou, Guibert, vicaire du Rialet, Astruc, vicaire d'Anglès, Geniès, vicaire de Saint-Salvi, Gabaude, principal du collège de Castres, le chanoine Record Doucet, J.-P. Palanquet, curé de Cuq, P. Dusservant, curé de Brametourtre, F. Douziech, curé d'Ambres, J.-B. Navès, curé de Montcouyoul, Denis Rols, curé de Blaucau, A. Vidal, curé de Saint-Jean de Vals, le chanoine Étienne Cal, les deux Pujol, procureur et vicaire de Nages, P. Guiraud, curé de Villelongue, J.-M. Cros, curé de Boissezon, de Matviel, A. Roques, curé de Saint-Gervais, Foulquier, curé de Canac, P.-J. Vergnes, vicaire de Soulègre, Barth. Suau, curé de Prades, J.-L. de Gartoule de Belfourtès, curé de Lacapelle Damiatte, Razimbaud, vicaire de Saint-Gervais, Jean Roque, futur curé de Saint-Gervais, P.-J. Roques, curé de Soulègre, Alexis Pélissier, curé de Saint-Amans de Mounis. Il faut ajouter à cette liste les noms des deux plus illustres de ces réfugiés, J. J. Azais, curé de Magreperheyre et Jacques Louis David de Seguin des Hons. *(Les Martyrs de la Chartreuse de Saïx, p. 64 e.)*

d'après les listes des Archives de l'Hérault ce nombre semble avoir été plus considérable, — se cachèrent dans les replis de la montagne, se terrant dans des gîtes qui changeaient chaque jour.

Alors, sur ce plateau sillonné par les pas des proscrits, se leva une admirable moisson d'héroïsme. De nobles femmes, se mirent à parcourir les sentiers du Sommail, portant aux bannis la nourriture, allant de village en village annonçant en secret le lieu où la prochaine messe sera célébrée, faisant le guet, et souvent par leurs ruses touchantes, dépistant les gendarmes, et opposant une contre-police à celle des persécuteurs. Pour ce pieux service, elles se déguisaient en paysannes, cachant leur jeune front sous la capuche du pays. Un règlement sévère, dit la tradition orale, les unissait et les enregimentait dans un silence formel. L'on raconte qu'un jour, l'une d'entr'elles, suivant avec ses compagnes les rives de l'Arn, où les poissons frétillaient dans les flots glacés, s'étant involontairement écriée : « Oh la jolie petite truite », fut disqualifiée sur l'heure et rayée des rangs sans retour (1).

Dans cette croisade de l'héroïsme et de la charité, Madame d'Espine eut une large place : sa porte fut journellement ouverte aux bannis. C'est encore à la plume de sa petite-fille, que

---

1. *Notes* communiquées par la famillle Benoît de Soulages.

nous devons le récit de la messe célébrée nuitamment dans le salon d'Espine, pendant que les fermiers font le guet au sommet du plateau :

« Lorsque de la forêt voisine, — dit-elle dans son style toujours un peu teinté de romantisme, — arrivait un homme au noble regard, épuisé de fatigue et de faim, car il avait marché bien longtemps à travers les dangers pour porter une bénédiction et montrer le ciel à un pauvre montagnard qui se mourait, le crucifix paraissait sur une petite table recouverte d'un linge blanc, ornée de fleurs de la montagne ; les maîtres, les domestiques, les paysans des alentours s'assemblaient en silence et se prosternaient en pleurant de joie. Quelques·uns faisaient sentinelle sur les lieux les plus élevés, tandis que le mystérieux étranger revêtait une robe blanche et dans un profond recueillement, faisait descendre Dieu, lui-même, au milieu de cette troupe fervente qui ne craignait pas de venir braver la mort pour l'adorer un moment. Après l'accomplissement du saint ministère, le digne prêtre reprenait son chemin avec une force nouvelle.... se jetant dans un ravin pour n'être pas aperçu, il allait consoler d'autres douleurs et cédait sa place à d'autres fugitifs » (1).

Les noms de ces réfugiés de la Montagne sont parvenus jusqu'à nous. Un des plus connus, le plus populaire à coup sûr, fut Jean-Jacques

---

1. Coraly de Gaïx. *Correspondance et Œuvres*, p. 243.

Azaïs curé de Magreperbeyre, né en 1760, à
Oulès, dans la commune de Castelnau de
Brassac.

Après son refus au serment de la Constitution, il est interné à la Chartreuse de Saïx, d'où
il s'évade aussitôt ; arrêté peu après, il est
écroué à la prison de l'évêché de Castres d'où il
s'échappe une deuxième fois. Il s'enfuit alors
vers la forêt et établit son quartier général à
Raissac près de la Souque et de là exerce son
ministère aux environs d'Anglès, de Rouairoux,
dans l'Aude et dans l'Hérault. Dans ses courses
il prend le costume de berger, de roulier, de
maquignon, de charbonnier. Il bat, accompagné d'un loup apprivoisé, les sentiers du Sommail, exerçant inlassablement ses fonctions
sacerdotales, constamment en éveil, soumis aux
privations de toute nature, couchant à la belle
étoile, passant par la pluie et la neige des journées sans un morceau de pain. Sur le point
d'être pris, malgré les plus actives recherches et
les pièges les plus subtils, il échappe toujours,
grâce à son audace, à son agilité, à sa force (1),
à l'affection des fidèles et, dit-on, à la conni-
vence des municipalités.

------

1. On raconte qu'en pleine Terreur il est surpris un
jour dans la maison qui l'abrite : « Où est le réfractaire
Azaïs » lui demandent les sans-culottes auxquels il
venait lui-même d'ouvrir la porte ? Entrez citoyens, leur
dit-il, il y est, et pendant qu'ils vont à sa recherche, il
s'esquive promptement. *La Chartreuse de Saïx*. Op. cit.

Fin février 1796, une lettre du Commissaire près le Département, ordonne à Alba, agent municipal de la commune d'Anglès de s'en emparer définitivement. Celui-ci répond le 26 mars : « Le parti de ce prêtre réfractaire est si puissant ici, que son arrestation mettrait en danger la tranquillité publique, y allumerait la guerre civile et y exposerait le petit nombre de patriotes à un péril inévitable ». Le général de Chateauneuf-Randon à qui on en réfère et le général Tisson qui commande à Montpellier, dirigent alors, pour cette triste besogne, cent hommes de troupe sur Anglès. La colonne s'ébranle le 3 germinal (22 mars) ; après avoir fait étape à Mèze, Pézenas, Béziers, St-Chinian et Saint-Pons, elle rejoint les brigades de gendarmerie d'Olonzac, de la Salvetat et de Saint-Chinian mobilisées pour prêter main-forte. Ce déploiement de la force armée ne réussit pas plus à arrêter Azaïs, qu'à intimider ses partisans (1).

Ce héros légendaire, fut au Concordat, nommé curé de Saint-Jean de Vals et en 1814 curé de Massaguel. Il mourut à Castres, en 1843, âgé de soixante-quatorze ans.

Un des prêtres qui le suivit presque pas à pas dans sa vie aventureuse fut Pierre Astruc, ci-devant vicaire d'Anglès. Insaisissable comme son compagnon d'infortune, il reparaissait par

____

1. F. Saurel. *Histoire religieuse du dép. de L'Hérault.* T. III, p. 260.

intervalles pour exercer le culte et administrer les sacrements. Nous le trouvons à Malbosc, le dimanche V floréal (24 avril 1796), célébrant la messe en présence d'une très nombreuse assistance (1).

Le nom des frères des Hons est aussi attaché aux abris de la montagne. Propriétaire depuis des siècles du château de Malbosc, leur famille jouissait sur le Sommail de la plus grande notoriété. En 1753, un des Hons avait été inhumé dans l'église d'Anglès, où se lit encore son épitaphe (2). Des fils de celui-ci étaient issus le chanoine Paul Guillaume et le chanoine Jacques Louis David, le futur évêque de Troyes.

En 1762, le chanoine Paul Guillaume avait résigné sa charge en faveur de son frère Henri Godefroy (3) ; c'est le nom du premier que nous lisons à côté de celui de Jacques David sur la liste des déportés du 7 floréal, an II (26 avril 1793) (4).

Jacques Louis David de Seguin des Hons, né en 1760, de Jacques Louis Alexandre et d'Elisabeth Blanche de Thomas de la Barthe, avait fait ses études au collège de Sainte-Barbe et

---

1. F. Saurel. *Histoire religieuse du dép. de L'Hérault.* T. III, p. 261.

2. *Notes* communiquées par M. l'abbé Montagne, curé d'Anglès.

3. J. Sahuc *Hist. de Saint-Pons.*

4. F. Saurel. *Hist. rel. du dép. de l'Hérault pendant la Révolution.* T. III, p. xliij.

terminé en Sorbonne sa théologie. Chanoine au Chapitre de Saint-Pons, puis vicaire-général de Monseigneur d'Usson de Bonnac, — le premier des prélats qui s'étaient présentés à la tribune de la Constituante pour voter contre le serment à la Constitution, — David de Seguin imita son évêque et à la proclamation de la loi du 20 mai se réfugia en Espagne. On trouve son nom sur la liste des ecclésiastiques et religieux embarqués au port d'Agde pour Barcelone, conservée aux Archives de l'Hérault (1). Là, il eut dit-on, d'affectueuses relations avec l'archevêque d'Auch, Monseigneur de la Tour du Pin Montauban, et effectua avec lui le pélerinage de Notre-Dame de Montserrat.

Rentré en France malgré la surveillance très étroite des côtes, il vint se réfugier sur le Sommail, non loin de ce Malbosc, berceau de son enfance, avec deux autres émigrés, l'abbé Pontier et le baron de Carayon-Latour (2). La cachette préférée de ces proscrits était située sur la rive gauche de l'Arn, dans les roches gra-

---

1. P. Delbrel. *Le clergé français réfugié en Espagne.* P. 279.

2. D'après l'inscription édifiée par la famille Courrech, l'abbé Pontier mourut curé de Serviès dans le Tarn, et le baron de Carayon-Latour mourut receveur général de Bordeaux. F. Saurel est en désaccord avec ce texte, en disant que le compagnon de Mgr des Hons dans les rochers du Pont était l'abbé Jacques Carayon, ancien prêtre habitué au chapitre de Saint-Pons, arrêté et incarcéré à Montpellier le même jour que lui.

nitiques qui s'élèvent comme une falaise dans les bois du domaine du Pont. Ce n'est pas sans émotion que l'on visite l'étroit refuge d'un accès difficile, entouré de vieux hêtres, balayé par tous les vents, où ces confesseurs de la Foi abritaient leurs jours précaires. A l'imitation des premiers chrétiens, plusieurs habitants du pays venaient leur porter chaque jour un peu de nourriture ; parmi eux, la famille Courrech, originaire du Soulié (1), se signala par des actes véritablement héroïques, car il y allait de la vie. Plus tard, édifiée par ses soins, une plaque commémorative dont nous parlerons tout à l'heure, rappellera la constance des victimes et le dévouement de leurs consolateurs.

Cependant la retraite de Louis David était soupçonnée. On était alors dans cette période particulièrement désastreuse qui commencée au 19 fructidor an V (5 septembre 1796), prit fin au 18 brumaire, et qu'on a appelée la *Seconde Terreur*. De nouvelles lois ramenaient les insermentés aux jours les plus sombres. « Jamais, a écrit Saurel, les confesseurs de la Foi ne furent poursuivis avec plus de fureur » (2).

Traqué par la gendarmerie, dans les rochers de la Montagne, le futur évêque de Troyes fut arrêté et conduit à la maison de détention à Montpellier, le 19 brumaire an VI.

---

1. *Notes* communiquées par M. Joseph Rouanet.

2. F. Saurel. *Hist. relig. de l'Hérault pendant la Révolution.* T. III, p. 225.

Nous n'avons aucun détail sur cette réclusion, mais elle dut prendre certainement fin à
l'amnistie qui suivit le 18 brumaire.

On retrouve Louis David, au rétablissement
du culte, vicaire-général d'Albi. Appelé plus
tard à l'évêché de Troyes, il fut sacré, le 26
février 1826 et occupa ce siège jusqu'à sa mort,
survenue le 31 août 1843.

A notre prière, Monseigneur l'évêque de
Troyes a bien voulu nous faire communiquer
par son secrétaire M. le Chanoine Labbé,
l'exemplaire, assurément fort rare, conservé aux
Archives de l'évêché, de l'Oraison funèbre de
Monseigneur des Hons prononcée quelques
jours après sa mort (1).

L'orateur ne semble malheureusement pas
avoir eu connaissance des épisodes de la vie de
son héros qui auraient prêté à de si beaux effets
oratoires. Passant, sans s'y arrêter, sur les
années tragiques de la Révolution, il célèbre
avec une simplicité qui n'exclue pas l'éloquence,
les éminentes vertus du défunt : sa pénétration,
sa bonté « qui n'acheva jamais d'éteindre la
mèche qui fumait encore », sa prudence, sa
déclamation simple et persuasive. Il rappelle le
dévouement prodigué par l'évêque pendant une
épidémie de peste, son empressement à se ren-

1. *Oraison funèbre de Mgr Jacques Louis David de
Seguin des Hons, évêque de Troyes, par l'Abbé Boisard,
chan. vic. gén. cap. prononcée dans l'égl. cath. le 6 septembre 1843. Troyes,* Ausser-André. 1843, in-8º.

dre successivement dans la chaire de toutes les
églises de Troyes pour consoler ou rassurer ses
ouailles. Il énumère enfin, les œuvres fondées
par ses soins : le Petit Séminaire, les Sœurs de
la Providence à Troyes et à Arcis-sur-Aube,
un asile d'Incurables et des Ouvroirs. Sa dernière maladie fut longue et cruelle. Tombé dans
une sorte d'anéantissement, il resta au milieu
des souffrances toujours calme et patient. Il
mourut en bénissant son clergé alors que l'on
venait de lui administrer les Derniers Sacrements. Dans une Lettre pastorale adressée
quelques jours plus tard au Clergé du Diocèse
de Troyes, l'évêque de Chalons, louait la beauté
de la cérémonie des funérailles, l'immense
concours de peuple, où, militaires, magistrats,
dignitaires de toutes les classes avaient rendu
hommage aux vertus de Monseigneur des Hons.

En 1858, alors que les cendres de l'évêque de
Troyes reposaient depuis vingt-cinq ans sous
les voûtes de sa cathédrale, les trois frères
Courrech et leur sœur Rosalie, se souvinrent
du prêtre traqué et fugitif qui par leurs soins,
avait échappé à la mort par la faim, dans les
rochers de la Montagne. Ils firent graver et pla-
cer sur la paroi de granit témoin de leur courage
et de leur dévouement, cette inscription dont la
rédaction naïve, ajoute à l'émotion que provo-
que cet humble *ex-voto* de fidélité :

PENDANT LES TOURMENTES RÉVOLUTIONNAIRES
SOUS CES ROCHERS ALORS ENTOURÉS D'ARBRES
TOUFFUS, TROUVAIENT UN ASILE TOUJOURS SUR
DEUX HONORABLES PARENTS ET UN VÉNÉRABLE
VOISIN, TOUS CHERS A NOTRE FAMILLE.
MM. PONTIER, MORT, CURÉ DE SERVIÈS. TARN.
LE BARON DE CARAYON LATOUR, MORT,
RECEVEUR GÉNÉRAL DE BORDEAUX.
MGR DESHONS, MORT, ÉVÊQUE DE TROYES.

MONUMENT
ÉLEVÉ A LEUR MÉMOIRE
PAR
JACQUES, SILVÈRE, FRANÇOIS ET ROSALIE COURRECH,
FRÈRES ET SŒUR
CHACUN DES QUATRE AGÉ DE PLUS DE 71 ANS.
PRIEZ POUR TOUS.
1858 (20 MARS)

Henri Bordeaux a écrit quelque part « qu'il
y a des paysages où l'Histoire se substitue d'au-
rité à la nature ». Il en est ainsi dans ce coin
solitaire qui témoigne, à l'ombre de ses futaies
vénérables, de l'irréductible héroïsme de ceux
qui à l'heure la plus sombre, entretinrent à travers les ténèbres, l'étincelle vacillante de la
flamme sacrée.

Ce petit monument, demeuré intact et placé
maintenant sous la protection de mains pieuses
et fidèles, compose un de ces pélerinages intimes dont on revient avec une foi plus forte et
une énergie renouvelée.

CHAPITRE VII

Andis que le Sommail frémissait sous la recrudescence des lois persécutrices de la seconde Terreur, que les proscrits se terraient plus que jamais, que le culte était de nouveau interdit, que la crainte et l'effroi régnaient sur la Montagne, se place à Espine le charmant épisode, qui produit l'effet d'un coin de ciel bleu à l'horizon chargé d'orage, et dont un Walter Scott français eut pu faire le thème du plus délicieux des romans, intitulé : *Les Fiancés d'Espine*.

Nous laissons encore une fois la parole à Mademoiselle de Gaïx, pour raconter le début aussi touchant que pathétique de l'union de sa mère avec celui qui fut dans le soulèvement royaliste de Castres, l'émule des Charette et des La Rochejaquelein.

La scène se passe dans le salon d'Espine où la châtelaine et ses deux enfants, par une triste nuit de l'an VI, veillent en écoutant les bruits de la tempête.

« Un soir, écrit Mademoiselle Coraly, le vent soufflait avec violence, la neige tombait à gros flocons, la nuit était obscure, un grand coup retentit à la porte, la jeune fille eut peur.

— Ouvrez, c'est un ami, dit la mère, car le chien n'aboie pas.

En effet, un noble et beau proscrit parut sur le seuil. Il demande l'hospitalité, il meurt de froid et de lassitude.

— Qui que vous soyez dit la mère, si vous aimez Dieu et le Roi, entrez. Ici votre cœur trouvera un écho et votre corps fatigué, du repos et de la nourriture.

— Vive le Roi ! s'écria le proscrit.

— Vive le Roi ! répondirent des voix émues.

Uni à ses hôtes par la sympathie éveillée par ce mot magique, l'étranger prend place près du feu, racontant ses courses, ses dangers, son chagrin d'être trop jeune pour émigrer et aller servir le Roi, ses regrets d'avoir abandonné son frère et sa sœur car il n'a plus qu'eux au monde.

« Vous n'avez donc pas de mère ? Oh que je vous plains », dit une voix si douce que le beau proscrit resta interdit.

Mais la jeune fille craignant d'avoir rouvert une plaie encore saignante, s'embarrassa et rougit ; ses grands yeux noirs se baissèrent, une larme mouilla ses paupières, elle pensait aux infortunes du proscrit.

Mais la mère interrompant le silence :

« Enfants, dit-elle, c'est l'heure de la prière.

Ursule, prends cette clef, va chercher notre crucifix : la neige tombe trop abondante pour que les méchants nous surprennent. Va, mon enfant, ce sera bien célébrer l'arrivée de notre hôte que de le mettre sous ses yeux.

Plus légère que la feuille que le vent emporte, la jeune fille disparut et revint bientôt après. Sa voix, fut choisie, comme la plus pure, pour prier au nom de tous. Le souvenir du Roi et de ceux qui souffraient pour lui revint souvent dans sa prière ; il y avait alors, dans son regard, dans toute sa personne comme un reflet du ciel. Et le jeune homme frappé de tant de grâce et de tant de candeur, jura tout bas sur le crucifix, qu'il n'aurait jamais d'autre épouse qu'elle (1).

Tout à coup les aboiements d'un chien et les cris répétés d'un paysan annoncent l'arrivée des brigands. Le jeune homme reprend ses armes, s'échappe par la fenêtre basse qui donne du côté du nord, les portes s'ouvrent, et les cannibales entrent fouillant partout, jurant et blasphémant ce qu'il y a de plus saint. Ils vident les bureaux

---

1. Dans ses *Souvenirs*, Mademoiselle de Gaïx a tracé ce portrait de sa mère. « Je n'ai jamais connu d'âme plus tendre, ni d'esprit plus délicat. Toujours en alarme pour ceux qu'elle aime... Sa conversation pleine d'abandon et de naturel est semée de mots heureux, dont elle ne se doute même pas, parce qu'ils lui sont dictés par son cœur. Entièrement dévouée à ses enfants, elle ne sait pas goûter de satisfaction qui ne se rapporte à eux ; elle est l'âme et le bonheur de sa nombreuse famille. »

et les coffres les mieux fermés, ils passent une partie de la nuit à boire, et l'autre dans l'ivresse. Puis, au matin, furieux d'avoir manqué leur victime, ils partent pour de nouvelles expéditions. »

Le jeune héros, qui venait de quitter Espine en y laissant une part de son cœur, appartenait à une famille de chevalerie ancienne établie en Berry sous Louis XI et dont une des branches s'était fixée à Toulouse, où en 1723, des Lettres de confirmation lui avaient été délivrées par Louis XV. Ses armes étaient d'or au chevron d'azur accompagné de trois œillets de gueules, tigés et feuillés de sinople ; sa résidence le château de Gaïx, près de Castres, que Messire Louis de Richard conseiller du Roi, commissaire des guerres en résidence à Castres, avait acquis, en 1719, de Charles Louis Joseph de la Vieuville, marquis de Saint-Chamond, avec la baronnie de Gaïx et tous ses droits féodaux.

Cette imposante demeure, dont la fondation remontait à la féodalité, avait appartenu après la Croisade albigeoise aux Rois de France, puis aux Montfort, aux Burlats, aux Montbrun et aux Cardaillac.

C'est là, que deux gentilhommes, Emmanuel et Gabriel de Gaïx, âgés de moins de vingt ans, rêvèrent de renouveler dans les vallées du Tarn et les détours de ses montagnes, les exploits que les chefs de la *guerre des géants*, réalisaient à la même heure, sur les levées de la Loire et dans les chemins creux de la Vendée.

L'on sait quelle réaction intense, le régime de la Terreur avait provoqué dans le Midi, au cœur des provinces fidèles. Vers la fin de 1796, dans l'Etat ruiné, les partis étaient toujours en armes ; les émigrés et les prêtres rentraient et se réorganisaient, des royalistes avoués entraient dans les conseils et comptaient sur les élections prochaines pour arriver au pouvoir.

En février 1797, encouragés par ces syptômes, les deux Messieurs de Gaïx et deux jeunes castrais, Fortuné Fabre et Lisou Azaïs, tentèrent d'organiser un mouvement qui leur rendrait leurs prêtres et leur Roi.

Une proclamation de Louis XVIII, stimule leur ardeur ; aux élections législatives du 20 germinal, an V, Azaïs est élu à l'Assemblée des Cinq Cents. Alors les royalistes s'organisent militairement dans l'arrondissement de Castres ; des compagnies dont les frères de Gaïx sont nommés capitaines, se forment, elles occupent l'hôtel de ville, s'emparent des armes de la commune, se dirigent vers Réalmont et la Bruguière, lèvent de nouvelles troupes et distribuent des munitions. Au matin du 30 messidor, les conjurés parcourent les rues de Castres aux cris de *vive le Roi !* s'établissent dans la caserne nationale, et avec le consentement tacite de l'administration municipale, envahissent les maisons des principaux républicains. Ils continuent leur propagande à la Bruguière où le jour de la fête du 9 thermidor, le baron de Gaïx, revêtu de l'uniforme d'officier, prend le commandement du piquet, est blessé d'un coup de sabre, ce qui soulève la population castraise.

Le coup d'Etat du 18 fructidor, par lequel le parti royaliste est expulsé du Directoire, ne décourage pas ces vaillants. Tandis que Castres est en état de siège, Azaïs proclame Louis XVIII et se met à la tête des troupes royalistes ; celles-ci se heurtent à un barrage de gendarmes, le choc est terrible, l'on compte de part et d'autre de nombreux blessés. Les conjurés sont alors incriminés de délit contre la liberté des citoyens, tandis que la Municipalité est citée comme leur complice. Poursuivis et traqués, ils se réfugient dans la Montagne : leur organisation y gagne de s'étendre d'Anglès aux monts de La Caune, et une ligne de correspondance s'amplifie de Castres à la Salvetat.

Le 4 mars, le jury de Gaillac lance des mandats d'arrêt contre cent-trente-deux prévenus ; trente-deux sont arrêtés, les autres, dont le Baron de Gaïx et son frère, s'enfuient et sont déclarés contumace. La gendarmerie multiplie ses tournées dans la Montagne, vingt fois, Emmanuel de Gaïx échappe à leurs recherches ; le 21 floréal an VII (11 mai 1798), le tribunal civil d'Albi prononce la déchéance de ses droits civils et la séquestration de ses biens. C'est alors, que par une sombre soirée d'hiver, poursuivi par les sans-culotte, il se réfugia à Espine à l'heure de la prière....

Cependant le jeune héros ne renonçait pas à ses deseins ; une nouvelle conjuration dont Toulouse devait être le centre, fut ourdie au début de l'année 1799, mais ses espérances furent anéanties dans la plaine de Caraman, en Lauragais, où la garnison de Toulouse battit la petite armée fidèle.

Le baron de Gaïx dut licencier ses troupes. Tous ses efforts se portèrent, alors, à éviter de servir Bonaparte, il obtint, en 1800, un congé absolu. C'est alors qu'il vint encore frapper à la porte d'Espine, cette fois pour y demander la main de celle, qui au milieu de tant d'événements et de traverses, n'était pas sortie de son souvenir.

Le mariage civil eut lieu le 21 frimaire, an IX, dans la Mairie de Valdurenque (1) nous en avons le texte sous les yeux. La cérémonie religieuse fut célébrée quelques jours plus tard dans le salon d'Espine « paré de feuillage, où se trouvèrent de nouveau réunis des amis naguère dispersés par l'orage ». Mademoiselle Coraly, encore une fois le délicat chroniqueur des principaux évènements de la vie de sa mère, a décrit, dans ses *Souvenirs* la joie des serviteurs et des paysans en ce jour mémorable surtout celle de la vieille Jeanne, berceuse de la mariée.

« La porte s'ouvre, dit Mademoiselle de Gaïx, une femme paraît, quelques-uns disent un ange,

---

1. Valdurenque. Tarn. Ar. de Castres., cant. de Labruguière.

la couronne de fiancée rattache son voile blanc ; c'est Ursule que sa mère conduit par la main et place au pied de l'autel. Bientôt s'avance le jeune et beau proscrit, dont l'œil brille de joie ; il regarde le crucifix si longtemps dépositaire de son secret et aujourd'hui témoin de son bonheur. Cependant un vieux prêtre, arrivé depuis peu de temps de la terre étrangère, se recueille un moment, puis au milieu d'un grand silence il leur adresse quelques mots touchants (1) qu'il termine par ces paroles prononcées d'une voix grave et solennelle :

« Enfants, soyez unis au nom de Dieu, et puisse la bénédiction d'un vieillard attirer sur vos jeunes vies cette portion de bonheur qui a été refusée à la mienne ».

Les larmes, ajoute en terminant Mademoiselle Coraly, étouffèrent sa voix. Bientôt après il commença l'auguste sacrifice et lorsque tout fut consommé, la jeune fille montée sur son cheval favori, entre sa mère et son époux, accompagnée de ses nombreux amis, dit adieu à sa chère Montagne (2).

---

1. Le texte du discours est publié *in-extenso* à la page 248 des *Souvenirs* de Mademoiselle de Gaïx.

2. Coraly de Gaïx. *Correspondance et Œuvres*. Page 249.

CHAPITRE VIII

u mariage du Baron de Gaïx et d'Ursule d'Espine, naquirent six enfants : un fils en qui devait s'éteindre le nom d'Espine, et cinq filles, dont l'aînée, Coraly, devait être la délicate épistolière à laquelle ces dernières pages sont consacrées comme un bouquet des fleurs de la Montagne qu'elle habita quelquefois et qu'elle aima toujours.

Mademoiselle Coraly, était née en 1801, dans le vieux château de Gaïx. Elle grandit dans ce cadre superbe et romantique qui imprima une indélébile empreinte à son caractère et à ses talents.

Entourée de parents d'élite, de sœurs charmantes et d'une incomparable phalange d'amies, la première partie de sa vie s'écoula dans le manoir paternel, partagée pendant la belle saison, par des séjours à Espine auprès de sa Grand'Mère, la vaillante héroïne des mauvais jours.

« Nous allions quelquefois, a-t-elle écrit dans ses *Souvenirs*, passer l'été dans une terre à ma grand'mère, nommée Espine, située sur une haute montagne ; rien n'est sauvage ni désert comme ces bois de hêtre et ces immenses bruyères. Le château placé sur la partie la plus élevée, domine une vue magnifique. C'est là que ma grand'mère aimait à réunir ses enfants..... C'est donc auprès de cette bonne mère que tous les ans, mon père, ma mère et mes sœurs, mon frère et son précepteur, nous menions une vie toute champêtre. Nous allions quelquefois dans les chaumières voisines boire du lait, et nous donnions en échange aux jeunes filles des rubans et des chapelets. Le soir, après le souper, rassemblés autour d'un grand feu (car dans ces montagnes il est nécessaire en toute saison), nos parents nous racontaient quelques histoires des jours mauvais. Mon père parlait de sa proscription, des dangers qu'il avait couru ; ma mère nous disait avec une expression touchante, l'effroi qu'elle éprouvait lorsque des bandes horribles entouraient le château pour chercher le prêtre ou le proscrit qui y étaient cachés. Ces récits nous enchantaient, l'heure de se retirer arrivait toujours trop tôt.

« Je ne sais quels sentiments doux et tristes me faisait éprouver le séjour des montagnes ; je croyais être plus près du ciel. Souvent, en allant me coucher, je demeurais longtemps auprès de ma fenêtre, contemplant la belle vue qui s'étendait devant moi. Je regardais la lune, puis

les hêtres dont l'ombre allongée ressemblait à
des fantômes, j'écoutais les aboiements du chien,
ami du pauvre montagnard. Quelquefois nous
entendions le tonnerre gronder dans la plaine,
tandis que le ciel était pur sur nos têtes et
je priais Dieu de me mettre toujours au-dessus
des orages du monde. »

Elle termine après avoir narré quelques traits
des montagnards du Sommail : « Voilà une bien
longue page sur mes chères montagnes. Mais
j'aime d'autant plus ce qui me les rappelle,
qu'Espine vient d'être vendu, et que je ne rever-
rai plus ses nuages ni ses bruyères ».

C'est vers la seizième année, que Mademoiselle de Gaïx, sentit se révéler le besoin de
confier ses pensées à un Journal intime et d'é-
pancher dans une volumineuse correspondance
le trop plein de son âme enthousiaste et expan-
sive.

Ces cahiers, composés des *Souvenirs de mon
jeune âge*, de diverses relations, d'un *Fragment
de Journal*, du récit *d'un voyage à Ussat* et de
trois séries de *Lettres*, rassemblés par des mains
pieuses et publiés en 1912 par Honoré Champion, place leur auteur au premier plan parmi
ces femmes d'élite : Eugénie de Guérin (1),

---

1. *Reliquiæ*, Caen. Imp. Hardel, 1855. — *Lettres*, édit.
par Trébutien. *Lettres à Louise de Bayne*. Paris, Lecof-
fre 1924.

Pauline de La Ferronnays et ses sœurs (1), Eugénie et Amélie de Malbosc (2) et tant d'autres, qui, aux années pacifiées de la Restauration, révélèrent dans des pages intimes, la part de génie reçue à leur naissance, et où elles laissèrent, selon le mot de Sainte-Beuve à propos des écrits de la châtelaine du Cayla « un peu de l'immortalité de leur âme ».

Le livre de Mademoiselle de Gaïx fait admirablement connaître non seulement son état d'âme, mais le milieu social où elle a vécu ; c'est le miroir fidèle de cette société fermée, croyante, royaliste et traditionnelle qui se reprenait à la vie après avoir, naguère, senti passer sur elle le souffle de la mort.

Croyante, Coraly l'est jusqu'aux moelles et ses écrits sont littéralement imprégnés de sa foi ; celle-ci aborde aussi aisément les sommets de la théologie que les pratiques humbles et naïves, où, quoiqu'on en dise, la vraie piété se nourrit ; et la même phrase se retrouvera un jour sous la plume d'Eugénie de Guérin et celle de Louis Veuillot « Coraly est une sainte ».

Royaliste, elle a sucé ses convictions avec le lait de sa mère. Est-il rien de plus sincère que sa joie au retour des Bourbons, son courroux aux Cent Jours, sa douleur à la mort du duc de

---

1. Voyez *Récit d'une sœur*, par Madame Augustus Craven. Paris, Didier 1883.

2. V. *Lettres et Souvenirs. Françoise-Eugénie de Malbosc*. Montpellier. L. Valat, 1900.

Berry et à la chute de Charles X et sa malicieuse satisfaction, lorsque le jour de la Saint Philippe, une pluie opportune vient éteindre les lampions.

Mais ce qui caractérise cette jeune fille, née au temps que ravagea « le mal de René » c'est à la fois ce penchant aux sentimentales rêveries, aux mélancolies romantiques, et cette gaieté débordante, cette joie communicative, cet esprit si finement satirique, auquel rien n'échappe, que ce soit à l'église ou au salon, et qui trouve pour se réaliser les couleurs les plus exactes et les accents les plus objectifs.

N'ayant pas, comme nos bachelières et les sportswomen de nos jours, à consacrer de longues heures à des études transcendantes et à des exercices intensifs, sa génération grandit solitaire dans le jardin fermé de la famille, et, dans cet univers, — restreint encore par les difficultés du moindre déplacement, — elles acquièrent, du repliement sur soi-même, une singulière finesse de vue et une rare force de pénétration.

Sous l'influence de Chateaubriand, leur maître à toutes, elles rêvent au clair de lune, évoquent ruines et troubadours, elles gravent leurs noms sur l'écorce des chênes, riment des vers sur un papillon, écrivent des contes dont l'héroïne est une rose, mais elles n'y sacrifient jamais l'irréductible bon sens de l'âme française et les fortes traditions de leur berceau. Coraly s'est définie d'un mot, lorsqu'elle s'écrie après la lecture d'un essai de roman qui n'a provoqué

chez ses sœurs qu'énormes baillements suivis de
rires inextinguibles : « Enfin n'y pensons plus
et ravaudons des bas !.. »

Parmi celles qui formèrent autour de la jeunesse de Mademoiselle de Gaïx une couronne
de fleurs vivantes, et avec lesquelles elle échangea cette correspondance où elle livra le parfum
de son âme et le secret de ses épanchements,
trois d'entre elles, et à des titres bien divers,
devaient, sans en avoir eu peut-être la pré-
science, léguer leur nom à l'avenir.

La première, Eugénie de Guérin, l'immortelle solitaire du Cayla, avec laquelle une rencontre fortuite l'avait mise en présence, à Lisle-
sur-Tarn, en 1836, écrivait à la même époque à
Louise de Bayne son amie et sœur d'élection :

« Je compte aussi pour beaucoup la connaissance que j'ai faite de personnes qui vous
connaissent, et surtout, une sainte qui m'aime,
qui vous aime, qui a fait le charme et la conquête de tous les salons de Lisle par sa piété,
son esprit, qui n'est ni jeune, ni belle, mais
infiniment aimable, bonne et naïve, vous voyez
là Mademoiselle de Gaïx. J'admire comme
notre connaissance s'est faite dans un selon où
elle m'entendit nommer. « Mademoiselle serait-
elle l'amie de Louise? » Comme je ne dis pas non,

voilà des prévenances, des compliments, des attentions des amitiés. La sainte aurait fini par me gâter, à chaque rencontre, ces amitiés recommençaient en commençant par parler de vous, ce beau sujet me menait loin, et j'aimais tant d'y revenir que je cherchais les pas de Mademoiselle de Gaïx, je l'aurais voulu toujours avec moi, je l'aurais mise dans ma poche. Enfin, nous nous aimons.

Nous avons même découvert que nous étions cousines et dit sur cela mille tendresses. Si vous lui écrivez, dites-lui bien que sa cousine du Cayla garde précieusement son souvenir et que je serais heureuse de la revoir. Mais il est de ces rencontres qui ne se présentent plus dans la vie. Il a fallu qu'une retraite, un Père Goudelin, nous fissent sortir chacune de notre désert pour nous voir un instant. En voilà jusqu'au Paradis peut-être » (1).

L'impression fut profonde dans cette âme qui s'y connaissait, entre toutes en valeur morale, et l'empreinte ineffaçable, même si le « revoir » n'eut lieu « qu'en Paradis ».

La seconde, fut cette enthousiaste Léontine de Villeneuve, bien moins connue sous son nom, pourtant lourd de gloire, que par l'harmonieux pseudonyme, dû au plus illustre des parrains : l'Occitanienne !

---

1. Eugénie de Guérin. *Lettres* éditées par G. S. Trébutien.

Tout le monde sait aujourd'hui, comment la meilleure amie de Mademoiselle de Gaïx fut l'héroïne du roman à la fois si ardent et si chaste, où comme l'a dit un maître de l'esprit français, « la grâce et le génie s'étaient donnés rendez-vous ».

Eblouie, après la lecture du Génie du Christianisme et de l'Itinéraire, par le prestige de « l'Enchanteur chargé de grandeurs et d'amour », elle voua à Châteaubriand un sentiment exalté, né comme elle l'a dit elle-même « dans cette région de l'adoration où ne saurait monter l'amour terrestre ».

Une correspondance s'échangea....

L'oubli s'était étendu sur cet épisode romanesque, quand une phrase, lue dans les Mémoires d'outre-tombe, et dans laquelle René prouvait « qu'il n'avait pas renoncé à donner au visage mobile du caprice, les traits éternels de la passion », émurent Mademoiselle de Villeneuve devenue Madame de Castelbajac. L'Occitanienne offensée, se résolut dès lors, à la publication des lettres du Grand Homme, si un jour, sa personnalité véritable, venait à être dévoilée.

Plusieurs hypothèses furent émises à différentes époques, enfin, en 1923, un article de *La Vie Politique et Littéraire*, signé par un érudit Toulousain, L. de Santi, dissipait définitivement les ombres autour du mystérieux pseudonyme, et nous valait ce recueil, document incomparable, qui, « en ressuscitant un passé embelli d'émotions toutes neuves », atteste à quel pur foyer s'était allumé l'encens brûlé par l'Occitanienne, sur l'autel de son demi-dieu...

La troisième, enfin, fut Mademoiselle Emilie de Villeneuve, la propre sœur de l'Occitanienne, qui trouva dans sa foi robuste et son ardente piété la force de créer à Castres, en 1836, la congrégation enseignante des Dames de l'Immaculée Conception, mettant ainsi, au front de la France catholique, un nouveau fleuron à la couronne d'Ordres religieux, qui est sa parure immortelle.

Mademoiselle de Gaïx ne connut ni ces agitations du cœur ni ces rigoureux renoncements. Un jour, méditant sur sa vocation, elle avait tracé ces lignes, véritable plan de vie. « Le bonheur de mon frère, celui de mes sœurs sauront bien me suffire ; je resterai auprès de mes parents, je soignerai leur vieillesse ; je leur consacrerai mes jours, mon existence ; et si Dieu me réserve la douleur de leur survivre, que lui seul alors remplisse mon cœur ». Des deuils de famille, des séparations, quelques doutes sur sa vocation furent ses seules épreuves..... Elle ne connut pas ces orages, qu'autrefois, accoudée à la fenêtre de sa chambre d'Espine, elle avait demandé à Dieu d'écarter de sa vie.

Toujours simple dans son attitude, noble

dans toutes ses aspirations, douce comme l'atteste l'expression de ce portrait aux lignes pures, conservé si pieusement au château de Bonnery, irréductible dans sa foi, fière dans ses traditions, on peut lui appliquer ce qu'un éminent critique écrivait il y a quelques jours de son admiratrice Eugénie de Guérin : « Elle descendait des plus belles porteuses de faucon, qui traversent gantées de daim, corsetées d'hermine et en robes traînantes, les chroniques du Moyen Age français ».

.   .   .   .

Dans une page de son *Journal* écrite à l'âge de seize ans, Mademoise de Gaïx avait donné un joyeux rendez-vous à sa vieillesse, celle-ci ne fut pas fidèle au rendez-vous...

Avant d'avoir atteint la cinquantaine, Coraly quittait ce monde, après l'avoir il semble, longuement pressenti.

En 1846, pendant une saison aux Eaux d'Ussat, sous la conduite d'un saint religieux, de passage aussi dans l'Ariège, et qui eut, — tous les détails sont relatés dans son *Journal*, — un puissant ascendant sur son âme, elle s'éleva à ces hauteurs d'où l'on ne peut plus monter sans atteindre le ciel.

Un an plus tard, elle était réunie à ce Dieu auquel, par une de ses dernières nuits de Noël, elle avait adressé ces paroles qui rappellent les plus beaux élans de Thérèse d'Avila : « Je

m'approcherai de votre crèche, j'irai m'asseoir à
votre festin, je trouverai ma force dans votre
faiblesse, ma richesse dans votre pauvreté, ma
gloire dans votre abaissement, ma consolation
dans vos larmes !... »

CHAPITRE IX

Ainsi que nous l'avons vu dans le journal de Mademoiselle de Gaïx, sous la Restauration, le château d'Espine passa aux mains de M. Saïsset de Béziers, qui le légua à sa fille, Madame Cassagne. De celle-ci, le domaine fut acquis peu après par M. Galibert, dit Fonbelle, qui en détacha, malheureusement les bois entourant la croix du Bessou, une partie de la triple avenue d'arrivée et la ferme de la Sagne de Maury, coin romantique et charmant, aujourd'hui abandonné, et que pare, avec les années, le charme des ruines. Ces portions aliénées de la forêt sont aujourd'hui domaniales.

En 1898, M. Galibert consentait la vente d'Espine à M. Louis Calvet, qui faisait abattre le vieux manoir et élevait à la même place et sur les mêmes plans, une habitation nouvelle, reconstitution exacte du château disparu. En même temps, il reboisait plusieurs parties du domaine et multipliait ces massifs de sapins et d'épicéas, qui donnent de si belles espérances et encadrent si heureusement maints points de vue sur la vallée.

Nous ne saurions oublier, en groupant ces derniers souvenirs, d'évoquer celui de la femme accomplie et trop tôt disparue, qui à la même époque, laissa aux murs et aux paysages d'Espine, un reflet de sa grâce, de son charme et de sa beauté.

En 1920, M. Calvet cédait Espine à M. Joseph Hüe.

Tel est le passé d'Espine avec sa part d'histoire, ses souvenirs de nobles dévouements, de pieux héroïsmes, de juvénile poésie.

Si le soir le promeneur s'attarde dans les allées solitaires, il peut y évoquer des images et y susciter des visions. Sa rêverie peut à son gré rappeler les cortèges des moines du comte Pons, les chevauchées des compagnons de Trencavel, l'exode des troupes fanatisées de Rohan, et le long des rives de l'Arn, — le corps et l'âme en peine, — les persécutés de la Réforme, aussi bien que les proscrits de la Terreur. Et après ces sombres tableaux, celui d'une jeune fiancée, qui sort du château dans la blancheur de ses voiles, et comme la colombe de l'Arche, annonce que les mauvais jours sont passés.

. . . .

S'il est vrai, qu'aux lieux que nous avons

aimés, quelque chose de notre âme erre et
flotte dans l'air jusqu'à la fin des âges, des ombres recueillies doivent souvent hanter le plateau solitaire, qui à l'ombre de ses hêtres et de
ses chênes, garde comme en de vivants reliquai-
res, les richesses de leurs souvenirs.

Plateau du Sommail, si paisible et si harmonieux, bienfaisant par la pureté de tes brises,
calmant par la simplicité de tes espaces, ta dou-
ceur nous enveloppe alors qu'on t'a déjà
quitté !....

A l'heure où le soleil abandonne la montagne
et que l'ombre s'attarde sur la houle de la cîme
des bois, que l'air plus subtil se remplit de
mystère, que les reliefs des Monts de La Caune
s'accusent et bleuissent, que l'or monte dans le
ciel, que le silence descend..., que les troupeaux
rentrent..., que les toits fument..., il semble,
que dans aucun autre lieu ne peut être plus
beau cet adieu du jour, cette paix de la terre,
ce cantique du soir....

Septembre 1925. — Mai 1926.

BERGERAC
Imp. Générale du Sud-Ouest
(J. CASTANET)

BERGERAC
Imp. Générale du Sud-Ouest
(J. CASTANET)